苦情は役人の良薬です

市川正三

さきたま出版会

目次

ユスリカの急所　5
メダカとオタマジャクシ　11
土下座　21
失言　31
中州のテント　43
暴行騒ぎ　51
知事の苦情　63
大蛇ダーナ　75

半ズボン　85
祭り嫌い　91
西洋タンポポ　101
詫びに行った現場代人　111
役立たず　121
青大将　127
草刈り　135
遅刻の朝　145
春の嵐　151
筋違いの苦情　163
あとがき　172

ユスリカの急所

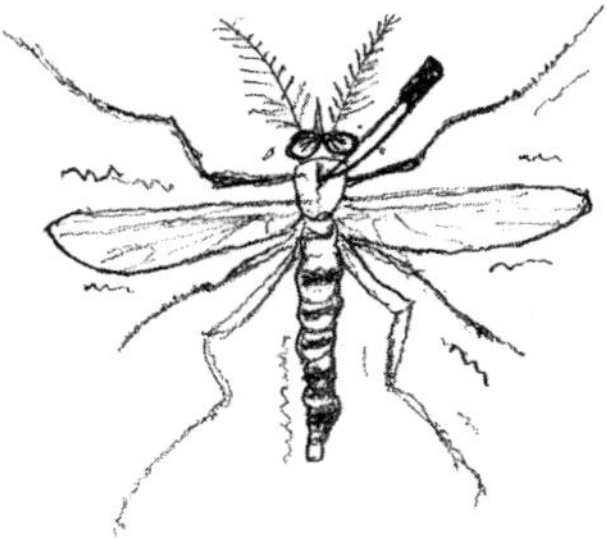

忙しい毎日で、朝刊を見る暇も無いほどでした。朝からトラックが道路に荷物を落としたとか、ガードレールがおじぎしてるとか、側溝が詰まって水が流れないなど苦情が多く、現場を飛び回っておりました。

そんなある日、手配のため昼に一度役所に戻ったところ、所長室のほうで何か騒いでいるので「何かあったな」とちょっと思いましたが、ともかく業者（建設業者をこう呼ぶ）に電話をしていると、

「市川君、市川君急いで来てくれ」

と所長自ら手招きしております。

ダイヤルを途中で止めてすぐに所長室に行くと、次長など三役が揃っていて河川担当の者が図面を広げて説明しているところでした。

「市川君はたしか、昆虫が専門だったたな」

「ええ、虫は好きですけど」

「大学へ電話してユスリカの急所を聞いてもらいたいんだが」

「聞いてどうするんですか、何のために聞くんですか」

「そんなことはどうでもいいんだ。早く聞いてくれ、ユスリカの急所だよ、先生に聞い

てくれ」

さっそく、私の所属していた東京農工大学の日高敏隆教授（動物行動学の世界的権威）の研究室に電話いたしますと、先生はおられず、市ノ瀬さんという助手の先生がおられました。

「ユスリカの急所ですか、ちょっと調べてみます」

ほどなくして電話があり、

「腹部のわきにある気門をふさぐと簡単に死ぬようです。また、複眼と単眼の中間にも急所があるようです。もっと詳しく知りたければまた連絡してください」

とのことでした。

さっそく、所長室へ行き、この旨伝えますと、

「馬鹿！　何言ってるんだ。新聞を見てないのか！」

皆のあきれた顔と冷たいまなざし。

「何ですか、何かあったのですか」

「新河岸川にユスリカが大量に発生したんだ。干した洗濯物を汚したり、家の中にも入り込んだりして大騒ぎになっているんだ」

「何万、何十万のユスリカがいるんだ。腹にある気門をふさいだり、複眼だか単眼にいちいち針をさせるか、何をねぼけたことを」

「だから何のために急所を聞くのか確かめたでしょう」

「学者もあきれたもんだな、何考えてるんだか」

お世話になった先生をけなされた私はむっとして、

「そこが学者のゆえんです。聞かれたことに正しく答え、余計なことをつけたしたりはしないんです。聞いたのは退治法でなく急所なんです。退治法ならわざわざ大学に聞かなくても私にだってわかります。急所と言うから研究室に聞いたんです。大学のほうだって、私からの問い合わせだからこそ素人扱いせず、すぐ調べてくれたんですよ」

それから対策について私の意見を言いました。

大量発生したユスリカは、いまとなってはどうしようもないので、洗濯物は干さないこと、戸締まりは厳重にすること、それもここ二、三日で済むことを付近住民に呼びかける。蛹や幼虫は水際で止めるための対策を立てることにする。それには、生息場所の調査が必要なこと等述べました。

あわせてユスリカの生態についても説明いたしました。

幼虫は、よく釣り道具屋さんで売っていたアカムシ（赤ボウフラ）です。これを釣り針につけるのが意外に難しいのです。やったことのある人ならわかるのですが、指でつまむと中身が外にでてしまい、すぐにしなびてしまいます。そこで大根を輪切りにし、その上にのせて、釣り針で拾うようにすると簡単につきます。

こんなことは誰が考えるのでしょう、キリギリスをネギで捕まえたり、西瓜で海に棲むクロダイを釣ったり、蛸がらっきょうを好むのを利用したりと、趣味の世界には頭の良い人がいるもので、意外なもので釣果をあげております。

アカムシは清流には棲まず、鯉や鮒がかろうじて生きられるくらいの水質に生息しており、川底の泥に筒状の巣をつくり、その中で体をゆすって生活しております。名もこれによるようです。

大量発生があったのは、とりまく環境（水質、気候、天敵など）が最適だったからで、ユスリカにとって増えるのに都合が良かったからでしょう。

それなのに、異常発生なんて人間から見た価値観で、彼らから見れば余計なお世話です。川底の撹乱や流れをつけ、ユスリカの住み難い環境をつくってやればいいのです。

それから数日後、ユスリカ騒動は終わりました。

教訓

どんなに急いでいても、人にものを尋ねる場合、なぜそれが聞きたいのか相手に問われるまでもなく、その理由を明らかにすべきです。特に専門家に聞く場合、教えを請うわけですから、謙虚な態度とその結果どうなったのかを報告するのが礼儀です。申し上げるまでもなく、それに感謝の気持ちを添えるのも大切なことです。現代では、情報はただではないからです。

メダカとオタマジャクシ

朝、役所に着くと玄関の所に見慣れぬ女性がそわそわしております。

「おはようございます」

と言うと、

「……おはよう……」

と小さな声で言いました。どうやら、玄関で誰かと待ち合わせをしているようです。

机に着き、書類に目をやったり、本庁からの電話の応対をしておりますと、庶務の者が、

「所長に面会なんですが、河川改修を止めてほしいそうです」

「すぐお通ししてください」

すると、さっきの女性と、子供を連れたやはり三十半ばの女性がおずおずと所長室へ入ってまいりました。

「あのう……あのう……」

「はい、どのようなご用件でしょうか」

「あのう……川の工事は困るんです」

「はあ、さしつかえなければ事情を聞かせていただきたいんですが」

「川の工事は可哀想です」

「え！　可哀想なんですか」

「ええ、メダカさんやオタマジャクシさんがです」

「……」

「川の工事をすると、自分たちのおうちがなくなってしまうと思うんです。メダカさんたちだって生きる権利があるんです」

「新河岸川のどこにいるんでしょうか。私はまだ一度も見たことがないんですが」

「だって、川にはいるでしょう。『メダカの学校は川の中』と歌にだって歌われてるじゃないですか」

「もう少し水質の良い川ならいるんですが、いま、だいぶ少なくなっているようですね」

「そうです、可哀想でしょう。皆、人間が悪いんです。川を工事するからいなくなるんです。ダムなんか最悪です。新河岸川にはダムなんかつくらないでください」

「ダムの計画はありませんし、つくれる所でもありません」

「絶対、反対いたします！」

「あのう……メダカの話に戻らせていただきたいんですが」

と私も弱々しい声になって言いました。

「オタマジャクシさんはいるでしょう。オタマジャクシさんが可哀想です」

「ええ、何ガエルのオタマジャクシでしょうか」

「ナマズさんだっているとと思うんです」

どうやら唱歌にくわしい方のようですが、新河岸川に生息する動物たちには疎いようです。

「珍しい動物や植物は、出来るだけ保護したいと思いますが」

「珍しくないものは見捨てるのですか、同じ生き物なのに」

「彼等も、それほど馬鹿ではありませんので、河川工事が始まれば、避難するようです。しかし、生息域を乱すことは確かなので、慎重に工事を行いたいと思います」

「私たちが馬鹿なんでしょうか。所長さんは『メダカはどこにいるのか』と、揚げ足ばかり取っていて、真面目に相手をしてくれないんですか」と、涙ぐんでいます。

「いいえ、動物や植物を保護することは大切なことなんですが、しかし、下流の方たちは毎年のように水害に遭っていて大変なんです。床上まで浸水する家も多いんです。放ってはおけません」

「自然のままがいいんです。人間が我慢すべきです。人間がいるから自然が破壊されるんです。川は自然の営みそのものなんです。そんな川をいじってはいけないのです。人間なんかいなくなればいいんです」

キッと眉を上げ、きっぱりと言ってのけます。

「あのう、新河岸川は人工的につくられた川なんですが」

「えっ！　嘘おっしゃい、新河岸川は自然のたまものです。何言ってんですか」

「あのう……智恵伊豆と呼ばれた松平伊豆の守が、安松金右衛門に命じてつくらせたようです。江戸と川越を結ぶために……」

「舟運が盛んになり、この辺の野菜を江戸へ運ぶ代わりに、江戸から色々なものを川越へ運んだようです。『おわい船』と言って、うんこを主に運び肥料にしたようです」

「まあ、うんこをそんなにいっぱい」

と眉をひそめる。新河岸川のロマンがしぼんでしまったようです。

「江戸の人たちはおいしいものをたくさん食べていたのでしょう、江戸のうんこは肥料の効き目が高いと珍重されたようです」

「うんこより、川の工事はどうなんですか、すぐ止めてほしいんです」

「新河岸川に関心がおありのようですが、どちらにお住まいですか」

「そんなことはどうでもいいんじゃないですか、ここへ来たのは主人に内緒なんです」

「いいえ、水害のひどさをある程度ご存じかなと思いまして」

「水害なんて、ずーっとここに住んでおりますけど、一度も遭ったことはありません。所長さんがオーバーなんです。水害、水害と言って工事がやりたいんでしょう。そうでないと、建設会社の人が困るんでしょう」

「いつ頃からお住まいになったのでしょう」

すると、いままで黙っていた子連れの女の人が、

「平成三年から移り住んでおりますの。川のそばで景色が良く、気に入ったものですから」

「この人とはちょっと離れておりますけど、私も平成三年にこっちに来たんです」

「何月でしょう」

「そんなこと聞いて何になるんです」

と眉を、又キッと上げる。

「この人も私も十一月頃だったと思います。団地の中に空き家があったものですから」

と坊やをあやしながら言いました。

「実は、平成三年六月に大水害があったのです」

と言って写真を見せますと、

「ええっ！　これはどこの写真です？　全部水じゃあないですか」

「おふた方お住まいの所と思います。話の様子では、景色の良い所、斜面林はここです。また、皆さんお住まいの団地はここでしょう」

「……」

「ずーっと住んでいるとおっしゃっておられますが、今年は平成六年ですから三年間ですよね。確かにこの三年はたいした雨も降らず、水害は発生してないようです。河川改修は三十年とか五十年に一度起こるような大洪水に備えて行っているのです」

「あのう……、河川工事に反対されると困るんでおどかすためなんじゃないんですか」

「元から住んでる方の屋敷があるでしょう。ご覧になったことありますか？　二階に大きな船が乗せてあるのを。洪水のとき、あれで逃げるんですよ」

二人とも青ざめて帰りました。

すると、ほどなくして、県庁の理事からお叱りの言葉がありました。

「市川さんよ、丁寧に応対してもらわんとなあ。知事に手紙があって『揚げ足取られたあげく馬鹿にされた、変な写真見せられておどろかされた』とか書いてあるんだよ。出来るだけ親切に相手をしてくれんか」

教訓

自然保護を訴える人が多くなりました。

人間生活を維持する上で、多くの生物が犠牲となります。また、人間生活の向上は自然を改変することで成り立っております。そろそろ、これに歯止めをかけなければならないときに来ていることはわかっているつもりです。しかし、日本の国土は危険きわまりない自然に取り囲まれております。火山や地震、それに洪水、土石流などで国民の半分がこの危険にいつもさらされている現実も忘れてはならないと思います。

その後、平成十年に未曾有の大雨があり、大水害がありました。

地元の議員が大勢の被災住民を伴いやって来て「河川改修をなぜ早く出来なかったのか」と強く申し入れを行いました。その中に、あの二人の女性がおられたのにはびっくりいたしました。

追記

斜面林保全のため、河川水辺の国勢調査を早めて行ったところ、驚いたことにメダカがいたのです。

斜面林内湧き水の下流で発見されました。苦情には教えられることが多いものだと実感いたしました。

土下座

ある朝、役所に着くと、お茶を飲む間もなく電話がありました。

「家の下でガーゴ、ブルが来て掘り始めたんです、早く来てください」

「お宅さんは、どちらですか、場所を教えてください」

と聞いてみると、相当、山の深い所です。それも、ほど近い上流部では護岸工事をやっており、私が現場監督をしている所でした。

「ははあ、工事用道路を使って入ったな」

と、とっさに思いました。

いつもは、谷が深く、簡単には入れない所ですが、工事のために一キロメートルくらい下流から道路を入れてあったのです。

「そう言えば、確かに、良い砂利がたまっていたなあ」

と思い出しました。

しかし、あれを盗られては川の底（河床）が下がって、なんのために護岸工事をしているのかわかりません。

通報してくれた方だって、自分の家の下のことです。崖下が掘られたら、洪水のときに家ごと持っていかれる恐れがあります。

これは、ただごとではありません。

「警察には電話しましたか」

「ええ、でも、『忙しいので土木事務所に来てもらえ』と言われました」

砂利泥が横行している時代で、山奥の現場に取り締まりに行って行方不明になった職員もいて、この仕事を命じられた人が退職したという話もありました。

覚悟を決めて、県に入りたての職員と二人で小一時間かけて、車で現場に向かいました。

携帯電話の無い時代のことなので、途中、公衆電話のある所で、「四十分経っても、戻らなかったら警察に電話を頼む」と、新採の職員を降ろし、にわかづくりの工事用道路に入りました。

この道が大変なのです。大型車を入れるために道幅はあるのですが、瀬を渡るため、角材が二本架けてあるだけなのです。ですから、小型車では両輪がかろうじてかかるぐらいに広く、真ん中が開いているのです。こんな落輪しそうな仮橋をいくつも渡り現場に行きますと、ゴーゴーとブルドーザーが白昼堂々と動いております。土砂が一箇所に集められて山のようになっており、すでに積み込みの最中でした。荷台に砂利を満載している車もあり、都合五台のダンプトラックが集結しておりました。

上半身裸のブルの運転手がじろりと私を見ましたが、素知らぬ顔で作業を続けております。五、六人の屈強なダンプの運転手が背の小さい男の周りに集まって話を聞いております。どうやら、この男がリーダーのようです。

私が近寄っていきますと、無視して話を続けております。砂利の搬入先を指示しているようですが、その手配の仕方がてぎわ良く、どうやら、常習のようです。

「あのう……、ここは砂利を採取してはいけない所なんですが」

それでも、話を止めません
「あのう、ここは砂利採取禁止区間なんですが」

「聞こえてるよ、だからなんじゃ」

と、はじめて振り向いた男は背の割に肩幅が広く、首も太くて、その両脇に筋肉がこぶのように盛り上がっておりました。おまけに、こんな人里離れた山の中では会いたくない顔でした。

「ですから、すぐに止めてほしいのです」

「えーっと、なんだって、よく聞こえねんじゃ」

「止めてください、すぐに作業を中止してください」

と大きな声で言いますと、

「うるせいな、なんもどならくてもいいんじゃ。それとも、おどすんかい」

言葉の感じから神奈川あたりから来たようです。

「いいえ、止めてもらわないと困るんです」

「あいにくこっちも困るんじゃ、今日中に届けなきゃならんとこあるんじゃ」

「ここの砂利は採ってはいけないんです。この上には人家があり危険になります」

すると、一人の運転手が、

「そんな家の危険より、あんたの危険はどうなんじゃ」

と無表情にボソっと言いました。

いよいよ、本性を現してきました。ここより先で作業している工事現場の人はとっくに逃げ去っているようです。

「こちらは、これを積んで帰らんと、指つめなならんのじゃ。お役人さんよう、無理せんで見て見ぬ振りすりゃいいんじゃ。それがあんたのためじゃ」

「私も、止めさせるのが仕事なんです。地元の人から苦情があって見て見ぬ振りは出来ないのです」

「よく聞こえねえんじゃが」

「見ぬ振りは出来ないんです」

と大きな声で言いますと、

「なんだ！　怒鳴りつけることねえんじゃ、やる気か」

ブルの騒音がとても邪魔になります。

「止めてほしいんです」

「止めろだと、こっちはブル一台、ダンプ五台かけてるんじゃ。砂利持ってかねえと怖い親分がわしの指つめるんじゃ、いくら払ってくれるんじゃ」

「こんな小僧かまってる暇ねえんじゃ、砂利穴にたたき込め！　誰にもわかりゃしねえんじゃ」

と、いらいらした手首まで刺青の男がすごむ。

「いいえ、警察にも連絡が行ってるんです。それに、そろそろ上に戻らないと、もう一人の者が警察を呼ぶことになっており、警察も待機してくれてるんです」

じつは、警察の待機は無いのですが、私も必死です。

「だから、なんだと言うんだ。警察にとられりゃ、親分にしめしがつくんじゃ」

「ここは、道が一本しかありません。みすみす、捕まることはないと思いますが」

「あんたに、捕まっとるじゃん」

「私は、ことを荒立てようとしてはおりません。砂利を戻してもらえればいいのです」

「警察にはどう言うんじゃ」

「私の注意を聞いて帰ったと言います」

「無かったことにするんじゃな。金はいくら払ってくれるんじゃ。これだけの手配をしとるんじゃ、ただ帰れとはいくらあんたでも言いにくかろう」

「不法採取にはお金は払えません」

「なにい！　ただ帰れと言うんかこの餓鬼！　俺の指はどうなるんじゃ。命がけで来とるんじゃ、ぬくぬくと高い給料もらっとるあんたとは違うんじゃ。可哀想な末端労働者なんじゃい！」

「私もこの仕事で食ってるんです、給料も手取り三万五千円です」

「……。ほう、それはそれは、ふうんわかった。あんたの顔立てて帰ることにするが、ダンプに積み込んだ分は見逃してくれ、手ぶらではのう」

「それでは、途中で捕まるでしょう。私も見逃したことになります。元に戻してください」

「あんたの顔立ててるんだ。俺の顔はどうなるんじゃ、土下座でもしてくれるんか」

「……」

「あんたが土下座でもしてくれりゃあ、県のお役人さんが土下座して『やめてくれ！』って頼むんで、仕方ねえから止めたんだと言えるじゃねえか。それになあ、朝早くから、真面目に働いてるこいつらにだって示しがつくんじゃ」

「……」

「土下座したって、誰も見てるわけじゃねえ、さあ、するんかどうなんじゃ」

残忍な顔がいくつも見えました。

「わかりました。朝早くから来て、私のような者の言うこと聞いて、おめおめ帰らなければならないことは、さぞ無念だと思います。私も役目がらとは言え気の毒に思います」

と、とっさに土下座いたしました。本気ですまないと思いました。

すると、背中からズーンと衝撃が走り、真新しい砂利穴に顔を突っ込みました。何人かの者に同時に蹴られたようです。

大きな玉石が私の鼻にあたり、鼻の奥がツーンとして温かいものが流れました。

パッと、水面に血が拡がり、それが幸いしたのでしょう、ひるんだようです。そのまま数分経ちました。

じっと動かずにおりますと、生まれたばかりの娘の顔が何度も浮かびました。

「役人さんよ、もう、いいからよ」

と助け起こしてくれました。

いさぎよく、積んだ砂利を降ろし、ブルで元のようにならしました。

「あんたも、いい度胸だな、かたぎにしとくのは勿体ねえな」

と言いました。

教訓

こんな光景を何も知らない人が見ると、どちらが悪いことをしているのかわかりません。用地交渉と同じで、相手の立場に立ってものを考えることも大切です。しかし、毅然たる態度を取り続けることは、もっと重要です。

「誠実な対応と毅然たる態度」。これが、おおげさではなく、私の命を救いました。

それから度胸もつき、町場の夜間作業では、因縁をつけたり、からんだりしてくる人が多いのですが、さほど苦にならなくなりました。

失言

大雨がありそれから二、三日経たある日。

「市川さんかい？　この雨でまた水浸しなんだ。住民が集まってあんたの意見が聞きたいと言ってるんだ。忙しいところと思うが来てくれんか」

と地元の議員から電話があり、さっそくかけつけました。

川の苦情現場は道から外れておりわかりにくいのですが、いつもの所なので、迷わずに行きますと、いままでとは異なり、それは大勢の人が集まっておりました。

いつもは女の人が主体なんですが、その日は会社を休んだのか、中年の男性が大半を占めております。一瞬、これはただではすまんなと思いました。それに、遠くからでも皆の怒りが見え、川の水はとっくに引いたというのに、いまだに水浸しになっている家々が私を恨めしそうに見ております。

「あんたが所長さんかい。いまは宇宙へロケットが飛ぶ時代だよ。雨が降るたびに我が家は水ん中だ。国では毎年何千億もの金を河川改修にかけてるって言ってるんだ！　ここはどうなんだ！　このざまは」

「そうだ、そうだ。江戸時代じゃねえんだ」

「見てのとおり、川の水はとっくに引いてるんだ！　井戸に落とした茶碗みていにいまだに水の中だ」

「そうだ、そうだ。水の中だ。情けねえとは思わねえのか」

「俺たちは雨に怒ってるんじゃあねえ、あんたに怒ってるんだ。この時代に一雨降りゃ水ん中とはどういうわけだ！　それが聞きてえんだ」

「そうだ、そうだ。おかしいじゃあねえか」

「黙ってねえで何とか言ったらどうだ。この川の責任者はあんただろう」

「ご案内のとおり、新河岸川の河川改修計画につきましては、下流の朝霞市では、国の荒上さん（荒川上流工事事務所）がこんな状況を改善するため、ゲートをつくっており、私ども県では、川の幅を広げるため懸命に用地交渉を行っており……」

「黙れ！　黙れ！　そんなこと聞いてるんじゃあねえ」

「そうだ。なぜ、雨が降ると俺たちが水に浸かんなきゃなんねえんだ、それを聞きてえんだ。はぐらかすんじゃねえ」

「いまさら、へんな説明は聞きたくねえんだ」

「ですから、計画では平成十年度までに下流の朝霞市から富士見市……」

「あんたは馬鹿か。俺たちだって会社休んでるんだ、聞いたことに答えればいいんだ。

余計な説明するな」

「計画を聞いてるんじゃあねえ。理由を聞いてるんだ」

「市川さんよ、回りくどい説明はよしましょうや」と議員さんまでいらいらしている。

「俺たちはなぜ雨が降ると簡単に水に浸かるのですか、それを聞いているのです。それと川の水が引いても水に浸ったままなのはどういうわけですか」

言葉が丁寧になったときは危険なのです。

「それは川の中に住んでいるからなのです」

一瞬、ときが止まったように皆黙る。すかさず、

「それはここだけではありません、日本人の半分が洪水の氾濫原（堤防より低い所）に住んでいると言われております。欧米と違って、日本の平野は河川敷と言えるのです。

日本は島国で海の中からポッカリと頭を出しているんです。それは火山のお蔭なのですが、そのため、川が急で降った雨が海へすぐに流れ込みます。そのときに削った土砂を運び込みます。それが長い間にたまって出来たのが平野（沖積平野）です。ですから、日本の平野は河川の堆積物で出来ております。したがって日本の大きな平野にはたいてい、大きな川がその中央を流れております」

話が長くなったのですが、皆熱心に聞いている。

「ですから、平野全体が河川敷と言えるのです。歴史の上から見ますと、最初は怖いものですから高台みたいな所に住んでいたようですが、稲の伝来などがあって、だんだん川のそばに住むようになりました。しかし、川が気ままに流れてはこまるので川の通り道をつくりました。それが堤防なのですね。普段はこの堤防の間をおとなしく流れておりますが、たまには手足を伸ばしたくなるのでしょう、大雨になると堤防を乗り越え洪水となります。

そして何千人も死ぬような大きな被害が出るのです。ですから出来るだけ川の流れる所を広く取り堤防も高くすればいいのです。そうすれば大きな雨が降っても氾濫が防げるわけです」

「そんなことしなくても、この科学の時代だ。何とかならねいのか」

「河川工学という学問がありますが、ほかの分野とちがってこれはどう自然と付き合うかという学問なんです。自然の営みにはなかなか逆らえないのです。ですから、山に木を植えたり、堤防を広げたりと昔からのやりかたからなかなか抜け出せないのです。

ダムの適地でもあれば洪水を溜めておけるので、もの凄い効果がありますが、自然に逆らって本川を堰止めるため科学技術を結集してやらなければなりません。それにはたいへんなお金と時間がかかり、自然も傷めます」

皆、ふうーんといった面持ちでおとなしく聞いている。

「それでは川の水がとっくに引いているのに、俺たちの所の水がいつまでも引かねえのはなぜなんだ、その答えにはなっていないと思うが」

「さきほど日本では堤防より低い所に大半の人が住んでいる、と申し上げましたが、この地区は、ふだん水が流れている所（平水位）よりさらに低いのです。ですから、川の水があふれて水に浸かるのではなく、降った雨が川に流れずここに溜まってしまうのです。それを内水と言っております」

いったんおさまりかけた怒りがまたこみあげてきたのか、

「だまって聞いていればなんだい、それじゃあ川のせいじゃねいみていだ。ふざけんな！」

「降った雨を住民に迷惑をかけねいようにするのがあんたの役目じゃあねえのか。無責任もはなはだしい」

「おっしゃるとおり、内水については誰にも責任はありません。しかし、内水はポンプで汲み上げなければなりませんが、これは市町村の役目になっております」

「市川さんよ、むきになるなよ」

と脇でハラハラしている議員さん。

「川のほうが高いからいけねえんだ、下げりゃあすむことじゃねえか」

「そうだ、そうだ、川のほうを下げりゃあいいんだ」

どうゆうわけかオウムがえしに言う人がいて小学校時代の学芸会みたいでしたが、これが結構じわじわと効いてくる。

「ところが、川を下げるのは難しいのです。感潮河川と言って潮の満ち干の影響を受けているのです。ですから、ここだけ下げても海水がここまで上がってくるだけです」

「それでは海を下げればいいじゃあねえか」

「海の面を下げるのはどんなに科学が進歩しても不可能です」

「それなら俺たちの土地を上げてくれ」

「それは出来ません。高いお金をかけてあの狭い高台に住んでいる人たちが納得いたしません」

「それならどうしたらいいんだ、雨が降らねえようにするのは無理だしなあ」

「俺たちがこのまま水浸しでいいんだな」

「ですから最初に説明申し上げたとおり、河川改修をすすめているのです。また、流域対策といって、学校の庭などに雨水を溜めたり、調節池をつくったりしているのです」

一度静まった怒りがまたふきかえし、

「さっきから黙ってれば人をなめやがってふざけんな。あんな下流の朝霞あたりでちんたらやってるんじゃあ俺たち、水ぶくれだ」

「所長よ。もうこれ以上水に浸かりたくねえんだ、待ってられねえんだ。どうしたらいい、なんでもいいから考えを聞かせてくれ、水に浸からねえ方法をよ」

「住まいを替えるしかないでしょう」

「この辺の土地と同じ値段で水に浸からん所があるのかい」

「ありますよ、飯能や越生ならここより安いし水に浸かる心配はまずありません」

「ええ！　なに言ってるんだ！　どこかと思ったら飯能や越生だと。あんな山のほう、人の住む所じゃあねえ、クマやタヌキじゃあるめいし、馬鹿にするな！」

日本三大林業地帯の西川地方は緑豊かで水も清らかです。かく言う私も飯能生まれの飯能育ち、愛する郷土をそしられたばかりか、山に住む人全体をけなされたので、思わずむっとして、

「飯能や越生の人たちから言わせれば『ちょっとした雨で水浸しになる所なんか人の住む所じゃあねえ』と言うかもしれませんよ」

と言わずもがなのことを言ってしまいました。

山の人が下流を守っていると常々思っていたので思わず出た言葉でした。地元議員もハッとしてうんざりしている。その顔を見て「しまった」と思いました。皆の顔を見ると怒りで真っ赤になっており、一瞬、頭の中が真っ白になり「この発言を手でつかんでのどの奥に戻せたらどんなにいいだろう。いやいや、消しゴムで消すことが出来たら」とぼんやり思いました。

それから大騒ぎとなりました。

「所長がここは人の住む所じゃあねえんだと」

「所長が飯能や越生に行けと言った。よりによってあんな山奥、人を馬鹿にしやがって」

そんな話が次から次へと伝わり、

「一雨降ると水浸しになる所なんかにドジョウかタニシしか住まねい」

「家の中で泳げる所はあそこしかない」

と話に尾ひれがついたり、ねじまげられたりしていきました。

捨てる神あれば拾う神ありで、

「所長は山に住んでいるのを誇りにしているんだ。さきにケチをつけたのはこっちなんだ」

「これ以上、あの所長を追いつめるのはどうかと思う。夜中だって飛んでくるし、どんなこと聞いても、一生懸命真面目に答えてくれる、はぐらかすことはしねえ人だ。今回だって嘘は言ってねえ」

とかばってくれる人も現れました。

批判の的になっている間はそうでもないのですが、こういう話が聞こえてくると、さすがに迷惑をかけたなと落ちこんでしまいます。

そんなことで深く反省していると、とうとう、本庁から呼び出しがかかり、次長（この人に所長は怒られる）の所へまいりました。

「市川君は、いつも一言多いんだよ。気持ちはわかるだなあ、ここで言っておくが『住民はどんなことでも言えるんだ、しかし、我々公務員は発言に責任があるんだ』。それに、よく聞いてみると、『山に住む人が言うかもしれん』と伝聞にしているが、あれは市川君の気持ちそのものだよ、そこが良くないんだ」

私はうなだれて、常々尊敬しているこの人にまで迷惑をかけたなあ、とそれは情けない思いをしておりました。

この新河岸川流域が、平成十年に未曾有の大雨に見舞われ、もの凄い被害がでました。土屋知事が（内緒になっていたのですが手術後の抜糸の日に病院から直行した）現地の惨状をつぶさに見て回り、五年後までになんとかすると約して帰りました。

河川改修にも拍車がかかり、いまでは、水害がほとんど無くなりました。

教訓

失言は心の隙間にある本音です。感情の高ぶりがあると出やすいような気がいたします。特に、むっとしたり、揚げ足を取られたりで心に沈殿していた怒りがふっと顔をもたげる。そんな時が一番危険です。

私も失言で、大変な思いをいたしましたが、とうとう、退職まで失言癖が直りませんでした。しかし、窮地に追い込まれると、必ず、助け船を出してくれる地域の方々や自治会長さんなどがいて何とか持ちこたえることが出来ました。

中州のテント

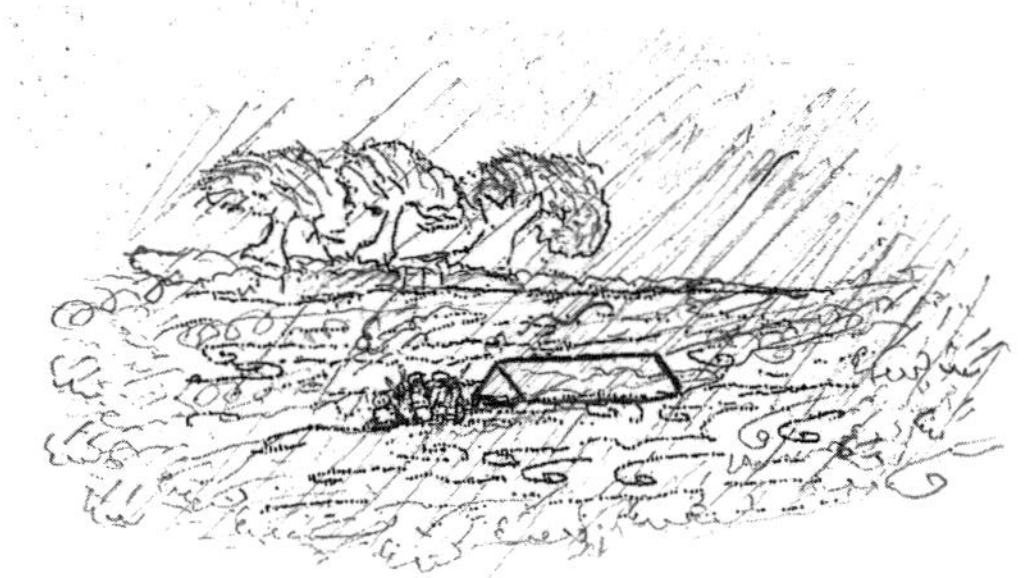

「川の中州にテントを張った人がいるんだ。危ないんで注意したが、聞こうとしないんだ」

と、ここでため息をつきました。

「これから夕立がありそうなんで、テントごといっぺんに持ってかれそうなんだ」

地元の人から、困り果てたあげくの電話がありました。

「場所はどこですか、テントにいるのは何人ぐらいですか」

と聞くと、どうやら、夏になると川遊びが盛んに行われ、テントが川の周りにたくさん張られる所のようです。

先月の大水で、川の中ほどに大きな州（砂利、砂のたまり場）ができ、そこにテントを張った様子。電話の主は私設キャンプ場の土地所有者でした。

現地に行ってみますと、川から相当離れた所の林の中にまでテントが張られ、車もいたる所に置いてあり、「川遊び、車一台四百円」と木に札が下げてありました。

川におりる道だけは立派で、幅員も広く、そこから各林の中へ道がつけてあり、林もきれいに下草が刈られ、清々しい空間が用意されておりました。

そんな林の中に思い思いのテントが張られ、中から、音楽が聞こえたり、話し声がしておりました。

川の流れに近づくにつれ、広かった道路にも車が置かれ、道幅もぐんと狭くなり、この道の脇にも、それは小さなテントが張ってありました。中はさぞ、きゅうくつだろうなと思いました。

なんとか川岸まで歩いて行きますと、なるほど、中州に大きなテントが張られています。しかし、そこに行くには、ひざより深い瀬を越して行かなければなりません。しかたないので、安全靴を脱ぎ、ズボンを脱いでパンツ一枚になって渡ることにしました。流れが強いのでふらふらしながらやっとのことで中州に着きました。こんな所によくテントを張ったものだと思いました。

「ここは危ないので、テントを張るのは止めてください」

と呼びかけますと、

「うるせえな！　まだ懲りねえのか、馬鹿が！」

「ここがいいから、ここにいるんだ！　てめえに何の関係あるんだ！」

と何人かの人が出てきました。もう酒が入っており、声もだいぶ大きくなっておりました。

「天気予報では、間もなく、上流で大雨が降りそうなんです。すぐ、引き払ってください。

す。


ここはとても危険なんです」

「ここより良い所あるんかい、馬鹿めが。水は目の前だし、便利そのものよ」

そう言えば、カレーライスのよい匂いがしており、料理も終わって宴会の最中のようです。

「ここから川へ小便すると、これが気持ちいいんだなあ」

「何を呑気なことを言ってるんですか！　ひと雨降ると凄い水が出る場所なんですよ。だから、地元の人が心配してるんですよ」

「なんだ！　警察か！　パンツは公然猥褻じゃねえか」

「そうだ、俺たちに注意するなら、婦人警官にしてくれねえか、パンティ一枚のよ」

「危険なんです！　どちらの岸に行くにも深いでしょう。雨がちょっと降れば、戻れなくなりますよ」

「その深い所通って、テント張ってるんだ！　苦労してるんだ、戻れるわけねえだろ」

「皆が心配してるんです」

「余計なお世話だ！　お節介やろうめ！」

「バチーン」と、いきなり顔を殴られました。パンツを掴まれ、脱がされそうになったので、下を押さえてうずくまりますと、背中をおもいっきり蹴られました。

いつの間にか、テントの中から女の人と子供が出てきて、ゲラゲラと笑っております。

「止めてください！　本当にここは危ないのです」

とそれでも言い張りますと、

「俺の命をお前に守ってもらうことはねえんだ！　馬鹿が」

と、今度は皆で寄ってたかって殴られました。メガネはとっさに外して両手でかばいました。メガネが無いと帰りが運転出来ないからです。そのかわり、ひざの後ろを蹴られました。

「お節介野郎が、今後、気をつけろ！」

「急に水が流れてこなくなったり、水が濁ってきたら、すぐ逃げてください。それと、いまのうちにロープを岸の木とつないでおいてください。腰より深くなるとロープがないと渡れませんから」

と、唇の血を手でぬぐいながら言いますと、

「他人の心配より自分の心配しろ！　馬鹿なやつめ」

と、あきれかえっていました。

川を渡って戻りましたが、ひざが痛くてだいぶ時間がかかりました。それを皆で、面白がって見ておりました。

対岸からこの様子を見ていた電話の主が、私の服と靴を持ち、待っておりました。

「また、警察に電話したほうがいいですかね」

「警察も忙しいんで、こんな所まで呼びつけるのは気の毒だよ」

「いや、傷害罪だよ、なにも皆で殴ることねえじゃねえか」と憤慨している。

「雨が降ったらアウトだよ、弱ったなあ、結果が悪けりゃなんでも役所のせいになるんだ。いくら注意しても『なぜ、危ないのがわかっているのに強く注意しなかったんだ』とマスコミで叩かれるのがおちだしなあ」

「雨が降るようならまた来ます。今度はブルドーザーでないと渡れんだろう、その手配もするようかな」

と言い別れました。

帰りに、近くの建設会社に寄り、ブルの手配を頼みました。

幸い、その日は上流に雨が降らず事なきを得ましたが、朝まで寝られませんでした。

その後、ひざの怪我が悪化し、ときどき、水が溜まるようになりました。そのたびに病院に行くと、覚えが無いといくら言っても、ワッセルマン（梅毒の検査）をされるのは困ったことです。

教訓

明治時代に、日本に招かれたオランダの河川技術者、デ・レーケが「日本の川は、川ではない。滝だ！」と言った話は有名ですが、欧米の川と異なり、日本の川は危険きわまりないのです。とくに、普段、水が流れてなく、大きな石がゴロゴロしているような川は危険です。暴れ川の代表とされる「水無川」なんて名前が付いた川は日本にしかないようです。最近、こんな恐ろしい日本の自然を軽く見る風潮が見受けられるのは残念なことです。

この後、川の中州に取り残されて命を失う人など、ニュースで報じられることがありますが、同情出来なくなりました。かえって、捜索費用など遺族に請求（払ってくれなくても）すべきではないかと思っております。このことに、何億という税金がつかわれるからです。

暴行騒ぎ

「また、道路がうるさくて夜寝られないんです。車が通るたび家が揺れるんですよ。すぐ来てください！　いま、午前九時半ですよね、十時半までには来られるでしょうね、皆で待ってますから」

「ちょっと待ってください、どちらさんでしょう、場所を教えてください」

「所沢のガードの手前です。そう言えばわかるでしょう、何回言えばわかるんですか、騒音で皆ノイローゼなんですよ、ダンプが通るたび、ミシミシ家が揺れるんですよ」

「この間、応急工事をさせていただいた所ですね。やはり、うまくいかなかったんですか」

「わかっていて、あんなずさんな工事をやったんですか。そんなことよりすぐ来てください」

川越土木事務所から小一時間かけて現場にまいりますと、十五、六人の女の人が道路に出て、指さしたり、かがんで路面を見ていたりしております。

「川越土木からまいりました。路面の凸凹はなんとか取ったんですが、まだ駄目ですか」

「あなたにここに住んでる者の気持ちがわかりますか、人を馬鹿にして、夜寝られないんですよ、主人なんか、毎日、寝不足のまま会社に行くんですよ、事故でもあったらどうするんですか」

と顔の割に細長い（ひらたい）メガネをかけたリーダー格の女性が口火を切る。

「昼間は車が多いからスピードを出せないが、夜になるともの凄いのよ。神棚のものは落ちてくるし、ズズズーンと地響きしてご飯なんか食べてられないんだから」

サブリーダーの丸顔の女の人が補足説明をいたします。

「ここは、なんでこんなに車が通るんですか、通行止めにしてください。夜の間だけでも出来ないんですか」

「私の家では、主人が車で通勤してるんで、それは困ります」

と軽い内輪もめ。

「この道路が悪いんだ！　こんなガタガタの道路がなぜここにあるんですか？　何とか言ったらどう、納得のいく説明をしてくださいよ」

「路面を平坦にすれば、ある程度、騒音は取れるんですが、振動は地盤が弱いせいで起こるんです。地盤から直すとなると大工事になるんです」

「やったらいいじゃないの、最初からそうすればいいじゃないの」

「それには本格的な工事をしなければなりません。道路も一メートル以上掘る必要があります。それには、通行止めも何日かしなければなりません。もちろん夜間ですが」

「夜中にガーゴやられたらたまったもんじゃないわ、昼間やれば良いじゃないの」

「ここの通行量ではそれは無理です。交通管理者の警察でもうんとは言わないでしょう」

「私たちが迷惑って言ってんのよ。他人事みたいに。迷惑料はいくら払ってくれるのよ」

「道路工事の場合、迷惑料や営業補償は支払いません」

「それじゃあ、工事しないで直してちょうだい」

「道路があっても良いことは何も無いから、どこか遠くへ持ってってちょうだい。邪魔だから」

皆、ドッと笑いました。

「でも、主人が会社に車で行く場合、どこを通って行けば……」

「あんた、この人の味方なの、さっきから道路が無いと困るようなこと言って」

「無いと困るような気がするんだけど……」

「そうです。道路が無ければ皆さんの生活は成り立ちません！　最も重要な生活基盤施設なんです」

「何言ってんのよ！　道路なんか無くても生活出来るわよ」

「いいえ、水道や下水道、電気や電話線などすべて道路の中にあるんです。道路はこれらの大家さんなんです。この道路だって本格的に直す場合、占用されているこれらの施設があるから大変なんです。電話ケーブル、下水管、水道管など傷つけないよう細心の注意がいるのです」

「……」

「道路がいらないと思う方は、自分の庭に井戸を掘り、下水は『吸い込み』を掘ってもらって大地の中に流し込んでもらうしかありません。電気も電話（携帯電話は当時普及されてなかった）、都市ガスなども自分の土地の中でやってもらうしかありません」

「何か言うと、屁理屈ばかり言って、人を馬鹿にして。それでは迷惑料はどうなの」

「道路の工事は公共の利益を確保するためにするのですから、よほどのことではない限り我慢していただくことになります」

「迷惑料をもらわなければ、工事なんかさせません」

「皆さんご覧のとおり、路面に亀甲状のクラックがありますが、このクラックが一番たちが悪いんです。これを直さない限り振動は取れません。さっそく、路盤まで掘って手当をしたいと思います」

と現場の見取り図やクラックの位置をスケッチし始めますと、

「工事なんかさせません！」

とリーダーが画板とメモをひったくろうとしましたので、

「乱暴は止めてください！」

と取られまいとしますと、私の手首を掴み、鉛筆をもぎ取ろうと力ずくでひっぱります。

「止めてください！」と掴まれた手を振り払いますと、手首から手がはなれて、女性リーダーはそのあおりでバランスを失い、ヨロヨロッと道路に両手をつきました。それから、スローモーション映画を見ているように、脇腹をそっと横たえてから仰向けになりました。

「痛い！　痛い！　何すんのよ！　女に暴力ふるうなんて」

「すぐ、警察に電話！　婦女暴行！　婦女暴行の現行犯よ！」

何人かの女性が何かに操られるように警察に連絡しに行きました。

私は「痛い！　痛い！」と顔をしかめているリーダーの顔をぼんやりと見ていました。

そして、「迷惑料から暴行の現行犯まで何のつながりがあるんだろう」となんとなく考えておりますと、若い警察官が駆けつけてまいりました。そう言えば、警察署はすぐそばです。

「怪我をされたのはこの方ですか」

と、警察官が介抱します。

「救急車、呼びましょうか。こんなに痛がってるんでは骨に異常があるんじゃないですか。すぐ、レントゲンで診てもらったほうがいいでしょう」

すると、

「なんとか立てます、医者に行かなくても大丈夫です」

「一人で立てますか」

「ええ、婦女暴行されたんでたまげたんです」

としぶしぶ立ち上がる。他の女性は皆黙ってこの有様を見ていました。すると、その中の一人が、

「お昼の支度しなくちゃあ」

と帰ろうといたしますと、それに連れて、他の女性もそわそわとし始めました。すると、「困ります、皆さま全員から事情を聞かせてもらうようです。本署はすぐそこですから、すぐ来てください」

「代表だけで良いんじゃないかしら、何も皆が行かなくても」

「困ります、全員来ていただかないと困ります」

「皆から聞くんじゃ、時間がかかるでしょうに」

「いいえ、そんなに時間取らせませんので、協力してください」

皆、ブツブツ言いながら、ゾロゾロと警察まで歩いて行きました。

「婦女暴行って、男の人に無理矢理やられちゃうことなんじゃない」

「だから、未遂なんてのもあるんじゃない。だから変よ」

などと、私を取り囲んでいた女性たちがにわか法律家になって評論していたので、それはにぎやかでした。通行人たちも、この異様な光景を立ち止まって見ておりました。

「県の人は逮捕しないんですか。婦女暴行の現行犯なのよ」

とリーダーが急に言い出しました。私はわけもなくギョッといたしましたが、

「逃げる心配も無いですから、一緒に来てもらってますし」

と若い警察官は軽くいなしました。

警察署の中に入りますと、いつもお世話になっている交通課長がちらりと私のほうを見ましたが、初めて会うような感じの冷たいまなざしでした。

私だけ別室に連れて行かれ、驚いたことに麦茶が出ました。その部屋は取調室らしく、机と椅子がありましたので、これ幸いと、いま測ってきた苦情現場の修繕設計と説明会の案内文をつくってしまいました。どんな時間でも貴重なので警察の配慮に感謝いたしまし

た。苦情は受けるそばから処理していかないとドンドン溜まってしまうからです。途中、しばらく時間がかかりそうなのでと、お昼の注文も取りに来ました。そこで、きつねうどんを頼み四百五十円を払いました。警察で食べるうどんは旨くもまずくもありませんでした。

しばらくすると、さきほどの警察官と交通課長が入ってきて、

「市川さん、大変だったねえ。この小林君は若いけど、しっかりしてるんだ」

と説明してくれました

その説明によると、この女性グループはことあるたびに、苦情を申し立て、色々と難癖つけるので、警察でも持て余していたんだそうです。

「警察に来る道すがら、このグループの人たちをよく観察したんだな。そして、一番気の弱そうな人から事情を聞いたんだ。『県の人は、家族もいるし、県民に乱暴を働いたとなると懲戒免職になる可能性もある。だから、正確な状況を話してほしい』と、すると、ほとんどの人が正直に話したんだよ。ただ、婦女暴行を言い張る女性はあくまで皆の意見を認めないんだな。仕方ないので、だんなを呼んで事情を説明し、注意してもらったんだ。すると、本人も反省し、謝ったのでさきほど帰したんだ」

二、三日後に説明会を行い、夜間作業の内容について理解をいただくと同時に協力をお願いしました。終了後、女性リーダーのご主人が頭をかきながら、

「いやあ、うちのは、世間知らずの上、気が強くてねえ。お蔭でいくらか静かにしてるんです」

「私もびっくりしました。よほどのお嬢さま育ちなんでしょうね」

「面目ない、でも、可愛いところもあるんですよ」

と言いました。

所沢には、舗装にかけては優秀な建設会社が何社もあるので、工事も無事終わり、ここの苦情は来なくなりました。

その後、警察に行きますと、「ギネスブックに登録するなら証明する」とか「十五人も一度にとは、当署始まって以来だ」などと言われました。

また、同じようなことを聞く人も多くいて、否定するのも馬鹿馬鹿しいので、

「警察に連れて行かれたんですが、男が軟弱になる中、見上げたもんだと『署長表彰』を受けたんですよ」

と答えることにしました。

教訓

道路の苦情は一人だけの問題ではありません、皆の問題です。そのため、おおぜいの方を相手にすることもあり、多勢に無勢でやりこめられたり、吊し上げられたりすることも多いのです。そんなときにはあくまで冷静な態度を保つことが大切ですが、出来るだけ、複数の者で対応することが望ましいと思います。

「道路の苦情は一人で行かない」これが原則です。しかし、人員配置の関係で、なかなか難しいようです。

知事の苦情

「どうも、公務員のつくるものは回りくどくてわかりにくい」

と知事の口からポッツと出ました。

「はあ、しかし、誤解されると困りますし、建設省ともよく打ち合わせの上、つくったものですから、ぜひ、これでお願いします」

と強い口調で申し上げました。

平成八年は、首都圏に雨の降らない年で記録的な大渇水に見舞われました。ダムの水は毎日大幅に減ってゆき、新聞もそれを大きく取り上げておりました。当時、水資源課長であった私は、目の回るような忙しさでした。

大雨のときは洪水対策に河川課が忙しいのですが、雨が降らないとき（渇水）は、水不足の対策で私の課が水道用水、農業用水、工業用水などのやりくりに飛び回ります。

埼玉県は豊かな地下水がある（浦和水盆）と思っていたのでダムなどの計画に参加せず、水資源確保に大幅な遅れを取ったのです。そのため、東京都や神奈川県などに比べ半分以下の水利権しか持っていませんでした。したがって、渇水のときには最初に水が無くなります。

埼玉県内で、断水や田んぼが干上がったとしても、満々と水の流れる武蔵水路を指をくわえて見ていなければなりません。

この年は利根川の水量がやせ細って痛々しいほどでした。上流の八ダム（矢木沢ダム、奈良俣ダムなど）も湖底をさらけだすありさまで、これも毎日のように報道されました。知事も毎朝、空を見上げては、「今日も雨が降りそうもないな」とそれは暗い顔で心配している、と同期の秘書課長から伝わりました。

私は節水の呼びかけと取水制限に対する苦情の対応におおわらわでした。

そんなことにはおかまいなく雨の気配はまったく無く、首都圏全体がいてもたってもいられないような危機感をつのらせておりました。「生きとし生けるもの」、水が無ければ一日も生きられないからです。

当時の建設省は関東地方建設局（関東地建）が首都圏全体の渇水対策の指揮をとっておりました。

土屋知事は一期目で深刻な渇水に遭遇したのです。三権の長までやりながら知事になった人です。建設省でもえらい人ほど知事とは呼ばず、「土屋さん、土屋さん」とそれは親しみを込めて言います。そんな人たちが、水利権の少ない埼玉県のために、懸命に応援してくれました。本来、流してはならない、試験湛水中（水を徐々に溜めていきその影響を測定すること）の調節池（戸田市にある彩湖）からも超法規的解釈（異常渇水による国民生活の重大な危機）で流してくれました。

そんなおり、首都圏の渇水対策指揮官（福田河川部長…各都県に評判の高い人で、特に、埼玉県の面倒を見てくれた）から、直々「急いで相談したい」との連絡が入り、取るものも取り敢えず駆けつけました。

「いよいよ、矢木沢ダムに残っている、東電さんの水もあてにせざるをえないようになりました」

と徹夜続きの疲れた顔で言いました。

「とりあえず、建設大臣から東電の社長に放流をお願いすることにしたが、水に困っている知事さんから強い要望があり、それを受けて電話をするかたちを取りたいのだが」

と相談がありました。

その結果、「東京都知事の青島さん、沼田千葉県知事と土屋知事が順に要望し、山梨県出身の中尾建設大臣が東電の社長にお願いする」という段取りになりました。そのとき、要望内容がだぶらないよう打ち合わせもいたしました。

私も急いで県に帰り、要望案をつくり、「緊急扱い」で割り込みし、知事に面会したのです。

知事にとってみれば、朝から各課の説明を聞かされ続きで疲れているところへ、また、私の長い説明を聞かされたのです。

冒頭の知事の苦情には、そんな背景があったのです（ここで気づいたのですが、この文も回りくどく長い、反省！）。しかし、ほかならぬ水飢饉のこと、直ちに出席を決め、気に入らぬ私の文も受け取ってくれました。建設省も土屋知事出席の報に喜びました。知事が出るのと出ないのでは大違いだったからです。

東電にお願いする日が迫ったある日、とんでもないことが起きたのです。出張先で知事が大怪我をし、動けなくなったのです。ただちに、建設省に連絡し、埼玉県の渇水対策本部長になっている中川副知事が代わりに出ることになりました。

建設省の落胆振りは、受話器の向こうの福田さんのため息によく表れておりました。知事は、いつも元気で丈夫な人なので、誰も予想しえない出来事だったのです。

中川副知事の所に行き、知事に見てもらったあの要望案の説明をいたしますと、

「知事にこの案で説明したんですか」

と頭をかかえている。

「気に入らなかったろうな、何も言われなかったのか」

「ええ、『わかりにくく、回りくどい』と言われました」

「そうだろうな……」とため息をつきました。

いつもは、パッパと判断し、てきぱきと仕事をこなす人ですが、このときばかりは、私が退室するときちらりと見たのですが、まだ文案に見入っておりました。

前日の午後八時半頃、突然、秘書課から連絡があり、知事室へ駆けつけますと、知事が椅子の前半分に腰掛け、

「県民が水に困ってるんだ、足が痛いなんて言ってられん、明日は行くからな」

と急に出席してくれることになりました。喜んだのはそこまでで、怪我した足をズボンをまくって見せてくれたのですが、一目見るなり、「これは駄目だ！」と思いました。足首から膝までパンパンに腫れあがり、どす黒い紫色になっていたからです。

「これでは、いくらなんでも無理ですよ」

心配がさきの取り巻きも皆頷いている。

「いやあ、良い薬があるから、朝までには直るから大丈夫だよ」

と、親戚に大正製薬がある知事は強がりを言っております。

さっそく、建設省に連絡いたしますと、

「出てくれるんか、そうか、出てくれるんか」

と喜びました。

「知事は、我慢が強い人なんです。明日の朝はもっと状態が悪くなりそうなんです。そばによると、発熱のせいか、息づかいも荒いんですよ」

「ええ！ それはないよ、はあ……」

と、また、福田さんのため息が受話器の向こうから聞こえました。まさに、天国から地獄です。いずれにしても、このまま行くしかありません。

当日の朝、上司の大野水政策監と、早めに建設大臣の応接室にまいりますと、記者さんたちでごったがえしておりました。青島東京都知事と沼田千葉県知事は既に到着していて席についておりました。すると、間もなく、土屋知事も姿を現しました。一生懸命歩いてきたのでしょう。あぶら汗が、額のあたりに滲み出ておりました。

記者さんたちも「土屋さんだ」と親しげに呼び、その声が輪のように拡がりました。これらの人たちに、知事は（苦痛の中から）手を振ってこたえました。

土屋知事が席につくと、それに合わせて、建設大臣が現れました。定刻まで時間があったので、「やあ、やあ」と話し始め、それに沼田知事も加わり何か冗談を言い合っております。離れた所から見ていたので、よく聞こえませんでしたが、ときどき、記者さんたちが「わーっ」と笑っておりました。

定刻になると、こんなとき（水飢饉）なので、緊張の糸がピーンと張られ、皆、真剣な顔になりました。

最初に、青島都知事が職員のつくった文章を持ち、そのまま読み上げました（この辺が青島さんらしいのですが）。これで、緊張がややほどけました。

次に、千葉県の沼田知事が要望いたしました。

さすがに、ベテランの知事です。手に何も持たず、アドリブを入れながら流れるように話しております、思わず、聞き惚れてしまいました。

突然！　ガツーンと頭を殴られたような衝撃が私の体を突き抜けました。アドリブの中身が、すべて、土屋知事のしゃべる内容だったのです。これでは約束が違うと、福田河川部長のほうを見ますと、顔色を変えている。無理を押して出てくれた土屋知事の立場がありません。

怖いものを見るように知事をそっと伺うと、目をつぶって、ときどき頷きながら沼田知事の話に聞き入っている。「知事は気がついているんだろうか」。私のお願いした文で、そのまま要望すれば、大恥をかいてしまいます。

　こうなると、いてもたってもいられません。上司の大野さんのほうを見ますと、やはり、私のほうを見て首を振っております。この人はゴルフの名手で、どんなトラブルにあっても動じない人ですが、このときばかりは、心配で落ち着きを無くしておりました。

　頼りの大野さんがこの有様なので、私はパニックに陥り、無性にトイレに行きたくなりました。しかし、記者さんたちが大勢いるので身動き出来ません。

　沼田さんの要望（後半分はもう耳に入らなかった）が終わり、いよいよ、土屋知事の出番です。私は地獄の底におりました。

「建設大臣！　県庁の食堂から、私の好物のそばやうどんがメニュウから外されてしまったんです」

「ええっ！　それはまたどうしてなんですか」

「水をたくさん使うからって言うんですよ、これにはまいりましたねえ。関東地建や荒上（荒川上流工事事務所）さんがいろいろやってくれたんですが、とうとう、ここまで来てしまいました」

「それは大変だ！　すぐ、電話（東電の社長へ）しなけりゃ」と急いで、受話機を取り上げました。

シナリオどおりの進行を、しらけた思いで聞いていた記者さんたちは、ここで、あわてて、メモを取ったり、フラッシュをたいたりし始め、緊迫した空気になりました。渇水のまっただ中にいることを思い出したからです。

見事！と思いました。この窮地を知事が救ってくれたばかりか、自ら手本を示してくれたのです。なんとわかりやすい。それに、骨を折ってくれた建設省へのお礼もちゃんと入っているではないか。ここで、はじめて頭を殴られたような気がいたしました。

そうです。あのとき、知事は県民を代表して私に「苦情」を言ったのです。私もそれからは深く反省し、県民の目にふれる看板や、通知文を出すときは「簡潔でわかりやすい」をモットーにするようになりました。

講演を頼まれると、この話をよく紹介したのですが、会場皆の共感を呼びました。

教訓

パネルディスカッションなどを聞きに行きますと、難しい言葉を使ったり、ひねった表現などに終始し（当人は気に入ってるのかも知れませんが）、ことさら、わかりにくくしているようです。仲間内の議論なら良いのですが、県民が集まる所ではいかがかと思うのであります。「難しいことをわかりやすく表現」。それが、集まってくれた人への礼儀だと思います。それをわきまえない知識人や学者も目につくようになったので、こうした集まりが嫌いになりました。

県民にサービスする立場の公務員は「短く、わかりやすい表現」、これに徹すべきでしょう。しかし、やってみればわかりますが、それは大変難しいことです。

大蛇ダーナ

「入間川の河川敷で大蛇がいなくなった」ことがテレビで報道されました。翌日の新聞でも、各紙がこれを取り上げており、「愛蛇のアミメニシキヘビを日向ぼっこさせに、狭山市の河原に連れて行ったところ、飼い主をひと呑みにして川へ泳いで行った。飼い主が翌日も探しに行ったが、どうしても見つからず、思いあまって警察に届けた」。ちょっと変なので、よく読んでみますと、飼い主をひと呑みは私の独り合点でした。

入間川の河原（狭山市）は川越土木事務所の管内なので、朝から事務所内ではこの話で持ちきりでした。

すると、狭山警察署から「捜索の応援を頼みたい」との電話があり、所長の私の所にも、さっそく、庶務課長から報告がありました。

「すぐ応援に行くようだろう、何人要請してきたのかな」

「何人でも多いほうがいいようですが、いま、管理課でもめてますよ」

「何もめてんだろう、関係者に来てもらって相談しよう」

さっそく、担当の部長と課長が連れ立って所長室へまいりました。

「ペットの場合は、保健所が担当です。狭山保健所が行くべきです」

「もともと、そこに棲息しているアオダイショウやマムシなんかなら私どもの担当なのですが」

　と口々に言う。

「狭山警察署からの依頼だろう、ふだん、あれほど世話になっているんだ、行かないわけにはいかんだろう」

「ええ、でも担当違いですから」

「うちの事務所には河川監視員もいるし、あの辺の河原には詳しい者がたくさんいるだろうが」

「でも、大蛇となると、ペットと言っても危険ですし」

「だから、県民に危害が無いよう、急いで探すんだろう。私一人でも行くからな」

「ええ！　所長が行くんですか」

「県民の命を守り、安全を確保する。これが私の役目だからなあ」

「所長は、午前中は県庁で会議がありますよ、午後は地元の代議士に道路計画の説明が入ってるんですよ。急に何を言い出すんですか、困ります」

　と庶務課長。

「県民の生命を守るのが先決だろう。県内部のことは副所長なり部長が代わりに行けばいいだろう」

「何言ってるんですか、大蛇探しに所長が行くなんて、それこそ、目の良い若い職員で良いんです。県庁の会議のほうが大事です。代わりは認めないと言われてるんですよ」

「緊急事態発生ということで報告しなさい」

「狭山警察だって、署長さんは出ませんし、市だって上の者は出ません。うちのほうだけ所長が出るなんておかしいです」

「知事だって、自ら道路の清掃に出てくれることがあるじゃないですか。河川管理者として県民の生命を守り……」

「知事の場合、啓発のための象徴なんです。所長の場合は大蛇を見に行きたいんでしょう。絶対駄目です！」

「私は巳年だし、大蛇は七、八メートルはあるんだ。そんなに目が良くなくても探せると思うんだがなあ。これが、メダカが逃げたとか、飼っていたプランクトンを泳がせていたら逃げちゃったなんて言うなら……」

「何を馬鹿な！　狭山保健所が出れば良いんです。うちからは誰も出なくても良いんですよ、それを所長が出るなんて」

「それは良くないと思うな。狭山警察署には、道路の不法看板の撤去やホームレスの指導など、こちらの仕事なのによく付き合ってくれるじゃないですか。警察が一緒に行ってくれなくては仕事にならんでしょう。むこうから頼まれたことには一生懸命やらんとな。だから、皆行きたくなければ、私一人でも行かないと義理が立たん」

「所長が行くのは反対です！　大蛇探しに所長が行くのは大反対です」

と副所長まで口を揃える。私の代わりに県庁の会議に出るのがいやだからです（代理出席が認められてない場合、いろいろ説明させられる）。

とうとう、私は仲間はずれにされて、若い職員四名で応援に行くことになりました。その代わり、「大蛇探しの顛末は詳細に報告してもらう」ことを条件に後ろ髪引かれつつ県庁へ行きました。

夕方、役所に帰ってみると、まだ、アミメニシキヘビは見つからないとのこと。

「やはり、巳年の私が見つけないと駄目かな。明日は探しに行くようだろうな」

と言いますと、

「何を馬鹿な、明日は管内市町村の事務会議がある日じゃあないですか。朝から忙しいですよ、駄目です」

「日高の巾着田でガラガラヘビを探したときは、とうとう見つからなかったんだよ。蛇探しは難しいんだ」

「何言ってるんですか、所長は蛇探しなんかしないでください」

「明日見つからなかったら、明後日は必ず私が行くからな。大蛇がいつまでも見つからないとあっては、県民の不安もあるし、土木事務所のメンツもあるからなあ」

「……」

「明後日は、特にこれといった予定が入っておらんだろう。いつまでも放っておくわけにはいかんからな」

「所長が行けば見つかるんですか」

「必ず見つける自信があるんだよ。そんな予感がするんだ。蛇はテレパシーがあって、皆で探そうとすると、それを感じて、人間の意識外の所に潜んでいるんだ。だから、盲点となる場所をつぶしていけばいいんだ。こんな所には、多分、いそうにないなという所にいるんだ」

翌日、とうとう、見つかってしまいました。会議の席上、「ヘビ発見、捕獲準備中」と書かれたメモが届けられました。

見つかったなら、次は、自分の手で捕まえてみたいものと、一瞬思いましたが、多分、夕方までには捕まるだろうなと思いました。何かむなしい思いがいたしました。

夕方、役所に戻ると、ヘビ探しをしていた職員がもう帰っていて、さっそく、報告を聞きました。

「狭山市の職員が見つけたんです。当初、いないと思われていた中州にいたんです。『草むらの中に何か太い茶色のタイヤがあるな』とよく見るとハンドバッグのような模様がついている。『あれっ』と思って棒でつついてみると、それが蛇だったんだそうです」

「もう、捕まえたのか」

「ええ、東武動物公園の西山さんが来てくれて、捕まえてくれました」

「あのカバ好きの園長さんで有名な西山さん？」

「動物園のスタッフを五、六人連れてきて、とぐろを巻かれないよう、頭を押さえる者、胴体を押さえる者、しっぽをつかむ者と手分けをして見事に捕獲しました」

「ふうん、専門家だけでやったのか」

「ええ、ヘビの囲いこみをやった後は、我々は外で見てました」

「さぞ、一緒に捕まえたかったろうにな」

「とんでもない、ヘビなんか大嫌いです。小さいヘビだって触るのなんかごめんです。マムシとかいるんではないかとヒヤヒヤものでした」

「マムシならいい値で売れるよ、あれは匂いがするんで鼻のいい奴に先を越されるんだ。現場でマムシがいたりすると、仕事をさっぽってマムシ獲りをするんだが、いつも作業員の人に獲られてしまうんだ。『監督さんよかったら持ってきませんか』と言ってくれるんだが、それをもらうと収賄になるんでなあ」

翌朝、新聞を見ると、大蛇にはダーナという名前がつけてあって、他にも何匹か飼っていたようです。それらの蛇すべてが群馬のスネークセンターのほうへ送られることになったと報じてありました。

教訓

蛇探しは、嫌いな者が探しても、なかなか見つかりません。私は昆虫採集が趣味で、埼玉昆虫談話会に入っております。会員の中には、オサムシを集めている人やカミキリムシ、ハエ、カ、チョウ等の生態観察をやっている人など多彩ですが、それぞれ好きな虫に似てくるようです。そうなると一人前です。

この大蛇を見つけた狭山市の職員が大蛇に似ていたかどうかは聞き損じてしまいましたが、蛇があまり好きではなかったようなので意外でした。

「嫌いな者でも、蛇を見つけることがある」というのが今回の教訓です。

半ズボン

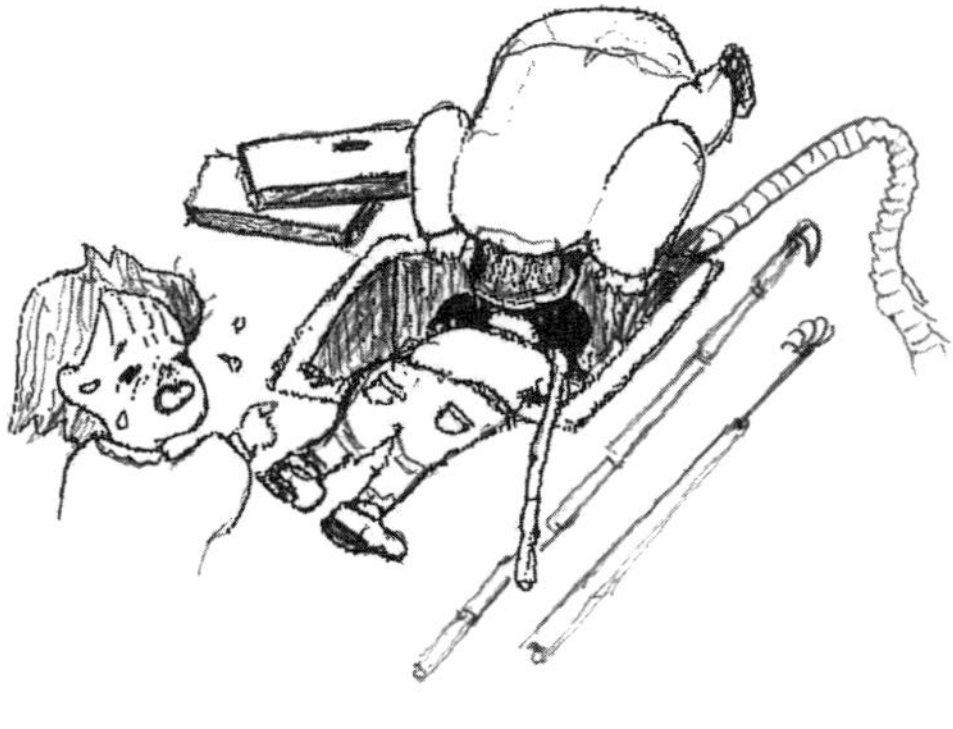

山間の道を広げる工事をしたとき、この事件が起きました。

「子供が、四つになる子供が！　早く来てくれんか！　大変なことになっているんだ」と自治会長から一報がありました。

そこは、明後日、完成検査をすることになっている工事箇所で、さっき、現場に行って寸法を測ったり、後片付けの指示をしてきたばかりの所です。そう言えば、あの周りで子供が何人か「かくれんぼ」みたいなことをしていたなと、ちらっと思いました。

工事は素晴らしい出来栄えで、優秀工事の対象にしようかと思うぐらいでした。すべて順調で、施工にあたった建設会社も会心の出来に胸を張っていたところです。

さっそくかけつけると、消防車や警察の人たちなどが来ていて、近所の人たちもあわただしく動き回っているところでした。

道路わきの側溝から流れ込む集水桝の蓋があけられて、何人かでのぞきこんでいました。

「土木事務所の人はまだか！　早くしないと。ここに来るまであと何分かかるんだ！」

「土木の者ですが、何があったのですか？」

「子供がこの中へ入り込んだんだ。動くたびに、下へ下へと落ち込んで行くんだ。その先が水の溜まりで、そこまで下がったらアウトだ」

と半分叫びながら説明する男のかたわらで、お母さんらしき人が、

「まあ君！　まあ君！　動かないで！　じっとするんだよ」

と泣き叫んでいる。

集水桝（小型マンホールで四角）から土管が下の沢まで埋めてあり、土管の直径は三十センチくらいでした。どうやら、そこへ子供が頭から突っ込んだようです。ライトで照らしだされた土管の中では、子供の足がだいぶ先のほうに見えて、運動靴が脱げて素足でした。半ズボンが太ももにぴったりしていて、中身がはちきれんばかりでした。

消防車は下の沢の溜まり水を必死にかい出しておりましたが、あとからあとから湧水があり、水位を下げることが出来ません。そこで、ロープを輪にして竹の先につけ、子供の足にかけようといたしました。しかし、狭い集水桝の中、竹のしなりを利用して中へ送り込もうとしたのですが、うまくいきません。

半ズボンでなければ、爪のついたもので布にからみつければいいのですが、しならせた竹のコントロールは難しく、ロープの輪を足にはめ込むのは至難の技でした。

こうなると、地表から土管の部分を掘って子供を出すしかありませんが、土管は岩盤をくりぬいて伏せてあり、そのあげく、動かぬようにコンクリートで固めてあります。これ

をやるとなると大工事です。明後日の検査は絶望的です。しかし、緊急事態発生です。ぐずぐずしてはいられません。いったん引き上げたトラクターショベルの手配と、削岩機とコンプレッサーを用意するよう、現場にいた建設会社の監督に命じました。

会社が近かったので自走（道路を傷めるので運搬車で運ぶことになっている）で、ガタゴトとショベルがやってきてすぐ掘り始めました。

振動が伝わったのでしょう、土管の中で、また、子供が泣き始めました。少しずつ落ち込んでいくようです。お母さんも私の脇で、

「まあ君！　じっとだよ！　じっとしな！」

と必死になって泣き叫んでおります。ショベルの音とお母さんの絶叫が緊迫感をあおって悲壮感が重くのしかかっております。

「スケールで測ると、子供の足まで三メートル五十センチ、子供の身長が余裕を見て大きめの一メートル二十センチとすると顔まで四メートル七十センチです。土管の長さは七メートルくらいあり、底の水溜りに浸かっている部分は七十センチくらいだと思います。まだ、一メートル以上水まではあります。ただ、逆さになっていると、頭の血が下がるのが心配です」

と言うと医者らしき人（消防署が医者を手配していた）が、

「このくらいの勾配なら大丈夫でしょう」

と言ってくれました。これにお母さんもうなずいていました。

工事の上手な会社だけあって、手際よくどんどん掘り下げました。するとようよう巻き立てコンクリートが現れ、そこを削岩機で壊しました。丁寧に施工してあったので意外に手間取りました。子供の足あたりに狙いをつけ土管を壊したのですが、そこが岩盤の一番厚い所でした。また、スケールで子供の足まで測ってみると、さっきよりさらに七十センチも下がっているではありませんか。

「まだまだ、大丈夫だ」

とお母さんには言いましたが、内心、気が気でありません。もう子供はうんともすんとも言いません。すると、暗かった土管の中にパッと明かりが入りました。

「ドウッ！」

と皆の歓声が上がりました。

ぐったりとした子供がお医者さんに介抱されております。小さなライトを子供の目に照らしてしきりに話しかけております。脇でお母さんが大声で、

「まあ君！　まあ君！　母さんだよ！」

と何回も呼びかけますと、子供の反応があり、気がつきました。さすが、お母さんです。皆ホッといたしました。

そして、大量の土砂とコンクリートの破片が散乱して現場に残りました。むき出しになった土管の無惨な姿。やりなおしするにも半月はかかるでしょう。

教訓

工事にハプニングはつきものです。公共工事は民間の仕事とは異なり、周囲に覆いをするわけにはいきません。衆人環視の中でやらなければなりません。困ったことに、子供は工事現場が大好きです。どういうわけか、マンホールや鋼管杭の中などにもぐりこんだりいたします。また、ブルドーザーやトラクターショベルなども好きでいつの間にか排土板の下などに潜んでいたりいたします。工事を行う者は「子供から目と心を離さないこと」これを肝に銘ずべきです。この事件があってから、集水桝の蓋が簡単にあかぬよう、また土管も大きくするようになりました。

祭り嫌い

夜九時半頃、電話がありました。

「夜分のことで申し訳なく存じますが、道路のことでこちらまで来ていただくわけにはまいりませんでしょうか」

さんざん迷ったあげく連絡してきた様子でしたので、場所を聞くなりすぐ出かけました。こういう場合、重大な問題になる場合が多いからです。

現場は西武線からほど近い人家が密集している所でした。道路に女の人が一人で出て私を待っておりました。

「あのう、いまごろの時間はそんなでもないのですが、朝方になると、道路から大きな音がするのです。ダンプトラックの通り道なので特にひどいのです」

道路にかがみ込み、路面を調べてみますと、やはり、騒音のもとになっているマンホールがありました。騒音の苦情のほとんどがマンホールの段差です。

段差が出来る理由は、マンホールがコンクリートで出来ており丸いものが多いので、アスファルト舗装をする場合、その周りの締め固めが難しいからです。

四角いマンホールなら、転圧機械のローラーでギリギリまで寄れるので、締め固めも十分に行えますが、丸い場合、機械での施工は無理で人力施工に頼らざるをえません。従って、どうしても転圧不足になりやすく、時間の経過に伴いそこだけ沈み段差が出来るのです。

この場所にもマンホールの所に二、三センチの段差がありました。

「あのう、今晩、泊まっていただけないでしょうか、何のご馳走も出来ないとは思いますが」

段差が少ないので、「大したことはない」と思われたくなかったのでしょう。

四十過ぎと言っても、上品で、なかなかの美人です。まして、女の人から「泊まっていけ」なんて言われたのは初めてのことです。

「はあ、荷を積んだトラックならともかく、空荷のダンプだと相当大きな音がするでしょう」

「私はそれほど気になりませんが、お義母さん（姑）がうるさがるのです。義母は孤児の私を育ててくれたばかりか、良夫さん（この家の長男で二年前に亡くなった）の嫁にまでしてくれたんです。何も知らない私を実の娘以上に可愛がってくれたんです」

と涙ぐんでいます。

「ですから、ほんの一時でもいいんです、静かにしてあげたいんです」

「何か事情があるようですが、姑さん病気か何かなんですか」

「ええ、ガンなんです。『今日明日の命』と、さきほど往診していただいたお医者さんに言われたんです。痛みも朝晩おそってくるようですが、それより、ダンプトラックの音をとても嫌がるんです。それで、夜分で悪いと思ったんですが電話をしたんです」と私に頭を下げ、嗚咽しながら、

「意識はまだはっきりしていて、痛みにはなんとか耐えているようですが、ときどき襲うダンプトラックの音に苦しむんです。『静かに死にたい』とそのたびにおっしゃるのでいたたまれません。最期に何とかして差し上げたいのです。私にとっては大恩人なのです。それなのに、いままで、何も報いることが出来ませんでした。私に出来ることはあなたさまにお願いすることだけなんです」

このとき、ハッといたしました。祭り嫌いの父を思い出したからです。

私の祖母もやはりガンで亡くなりました。そのときのことです。

祭りが近づき、近所で太鼓の練習が始まり、それをうるさがったそうです。いよいよ、死期が迫り、自分でも悟ったのでしょう、末っ子の父に、

「もう私も駄目なようだ、静かに死にたい」

と言いました。

父が生まれるとまもなく夫（私の祖父）に死に別れ、再婚もせず三人の息子を育て上げたのですが、特に父を可愛がったようです。

さっそく、父は太鼓の練習をしている「囃子連」の人たちにお願いに行きました。

「母が間もなく息を引き取りそうなんです。今晩だけ早じまいしてくれませんか」

「俺たちは、祭りと言っても、皆のためにやってるんだ！　個人事で止めるわけにはいかねえ」

「祭りまで、だいぶ日があるんで、そこを曲げてなんとかお願い出来ないでしょうか」

「太鼓はいくら練習してもしすぎることはねえんだ。練習不足で変な太鼓はたたけねえし、それで皆に迷惑かけたくねえしな」

父がいくらお願いしても、頑として聞いてくれなかったのです。仕方ないので祖母のもとに戻りますと、

「やはり、駄目かのう」

とすっかり気落ちして、もう、それっきり口をきかなくなりました。こうして、これ見よがしにますます大きくなった太鼓の音に見送られて、とうとう、祖母は息を引き取ってしまいました。

それから、父は祭りが来ると、けっして外へ出なくなりました。

「泊まらなくてもわかります。この道はダンプ街道です。このぐらいの段差でも相当大きな音が発生すると思います。これからすぐ手配いたします」

と、その足で、近くの日本道路（舗装にかけては日本でも一流）へ行きました。

「マンホールの段差を直してほしいんだ。これからすぐ手配してほしい。一刻を争うんだ！　粒度の細かいアスファルト合材でやるようだろう、プラントにもすぐ連絡してくれ。現場はすぐそこの踏切の手前だから、そこで待っている」

この会社は、夜間でも宿直がおり、こんなときの機動力は抜群です。幸いなことに、いつもお世話になっている優秀な監督員が駆けつけてくれました。すぐに、私は旗を持って交通整理を行いましたが、交通量はいつもより少なく、午前一時前にはなんとか修理が終わりました。

ときどき、さきほどの女性が「お茶をいれましょうか」とか言ってくるので、

「看病に専念してください。気を遣われると、作業がやりにくいんです。終わったら、明日の仕事もありますんで、勝手に帰らせていただきます」

と、ことさら冷たく言いました。

「ごめんなさい。では、そうさせていただきます」

と早足で家の中に戻って行きました。

三箇月ぐらい経ったある日、見たことのあるような女の人が訪ねてまいりました。

窓口になっている庶務課で何か聞いているようです。「誰だったかな」と思い出し中の私に頭を下げました。思い出せないまま、そちらへ行き挨拶いたしました。すると、

「その節は大変お世話になりました。お蔭さまで義母《はは》も安らかに終わりを迎えることが出来ました。本当にありがとうございました」

と菓子折を差し出しました。

ハッと思い出した私は、

「わざわざ来られなくても……、ここはわかりにくくて大変だったでしょう」

「本川越駅から歩いてまいりました。いただいた名刺と地図をたよりに何とかたどり着きました。あの日は『仕事の邪魔になる』とおっしゃられたので、何も申し上げないままで失礼いたしましたが、あらためて、お礼にまいりました」

「電話で良かったんですよ、わざわざ、川越まで……。川越土木は駅から遠いのに」

と言いますと、

「あのう、市川さんがどんな所で仕事をなさってるのか、見たかったものですから」

「それでは」と空いていた所長室に案内いたしました。

「あの晩から、それまでの大きな音が嘘のように静かになりました。義母も『ありがたいことだ』と私の手を取り、それは安らかに息を引き取りました。市川さんのお蔭で最期に親孝行が出来ました」

とあふれる涙をおさえながら、深々と頭を下げました。

私も胸がいっぱいになりました。たった一晩のことなのに、こんなにも喜んでくれる人がいる、公務員冥利に尽きると思いました。そして、父の無念な思いが晴れたような気がいたしました。

次の朝、前の日留守だった日本道路の監督員に、ことの次第を伝え、このご褒美を分け合いました。普段は無口の監督員も、

「そうですか、あの晩に出てくれた者にも、さっそく、伝えましょう。皆、喜ぶと思います。何よりこの私が感激しております、嬉しいです！　こんなことがあるんでこの仕事も続けられます。マンホールの段差は修理が難しいんですが、一生懸命やったんでうまくいったのでしょう……励みになります。また何かあったら連絡ください、いつでも飛んでいきま

すから」

こんなに長くしゃべったのは初めてのことでした。

教訓

道路騒音の主な原因はマンホールの段差です。コンクリートは硬く、アスファルトは軟らかいからです。この異質なものの接点が段差を生みやすいのです。

この問題を解決するため、占用者会議で「締め固めを機械（ローラー）で出来るよう、蓋はともかく、枠だけでも四角くしたらどうか」と何度も提案いたしました。

しかし、いまだに改善されないのは「マンホールは丸い」という固定観念のせいです。

西洋タンポポ

正月を過ぎて間もなく、地元の県会議員がたくさんの人をバスに乗せて事務所にやって来られました。

いろいろと、部門別の要望を受けましたが、その中に、

「綾瀬川に溜まった土砂を取り除いてしまうと聞いたのですが、ぜひ、止めてください。あそこには、タンポポが根付いているんです。可哀想じゃないですか」

と、環境に関心の深いグループの代表が苦情を申し立てました。

私は、内心「タンポポくらいで」と、不遜にも思いました。県議もおられるので、

「実は、先日、地元の自治会から『上流からの土砂が堆積して川がいっぱいになってるんだ、大雨でも降ると、氾濫しそうなんだ、急いで浚渫してほしい』との要望を受けているんです」

と、言いますと、

「それでは、タンポポはどうなっても良いんですか。無惨にも片づけてしまうんですか。彼等は生き物なんですよ、人間の都合で殺しても良いんですか。どこかへ移せないんですか」

「そう思われるんでしたら、皆さんで保護していただけませんか？　役所では移転先が

思い当たりません」

「何言ってるんですか。河川管理は川越土木でしょう。なぜ、私たちがやんなきゃならないんですか、無責任もはなはだしい」

「沿川の人たちの危険も考えると、一刻も早く土砂を取り除かねばなりません。あのまだと、家ごと持ってかれる恐れがあります」

「そんなことは、私たちには関係ないでしょう。タンポポが守られれば良いんです」

このやりとりを聞いておられた県議さん、

「市川さん、よく検討して返事をください。なにもこの場で結論出さなくてもいいんですから」

と、問題を先送りする意見を出しました。〝問題の先送り〟と〝その場しのぎの検討という言葉〟が大嫌いな私は、

「でも、先生、すでに手配を終えて、浚渫を開始しているんですよ。それに待ったがかかると困るんですよ。早くしないと、大雨がいつ降るかわかりませんので」

「土砂が溜まって何箇月も経ってるんでしょう。それなら、なぜもっと早くから手をつけなかったんですか」

「土砂の片づけは、水の少ない冬場にやるんです。いまやらないと、三月、四月は結構、大雨が降ることがあるんです。困りましたねえ」

「いずれにしても、この人たちだって、わざわざ、所沢から川越まで来てるんです。よく考えて返事をください」

と、きっぱりと言いました。

「先生がそこまでおっしゃるのなら検討してみます」

とその場しのぎの検討を約束してしまいました。これ以上逆らったら県議のメンツにかかわります。しかし、内心、「困った宿題が出来たなあ」と、思いました。

皆、それぞれの要望が出来たので、意気揚々とバスに乗り込み帰って行きました。私は玄関で、バスが見えなくなるまで頭を下げて見送りました。

さっそく、担当課長を呼んで、浚渫中止が申し入れられた話をいたしました。

「何を馬鹿な！　何言ってるんですか、正気の沙汰ですか。いますぐやらなければ大変なことになりますよ。何がタンポポですか、住民の命がかかってるんですよ！」

と、カンカンになって怒っております。やはり、県議がおられるとき、この人を呼ばなくて良かったなあと思いました。

「県議の先生があぁ言われるんでは、何とか返事を考えんとなあ」

と、ため息をつくと、あきれた顔をして、

「なぜ、はっきりと断らないんですか。所長には毅然とした態度が欠けています。まったく、話にならん」

と、叱られてしまいました。

こんなときは、現場を見るのが鉄則です。長年、苦情を処理してきた経験がものを言います。

綾瀬川に行きますと、看板から機械の配備まで十分に手配がなされていて、さすが、所長を叱りつける課長だと感心いたしました。

問題の土砂は、川の真ん中にどーんとありました。それは、左右の堤防の高さくらいまでになっていて、その両脇に川がチョロチョロ流れており、これは放っておける状態ではないと、一目で見取りました。急いでやらないとと、危機感を持ちました。

タンポポは生えていたのですが、霜にやつれ、西洋タンポポでした。いくつかが土砂の上にはりついておりました。

さっそく、その足で、愛川敬武先生の所に相談にまいりました。先生は、川越女子高校の校長をされた人で、県内の植物に精通しており、レッドデータブックの委員にもなっておられます。新河岸川の斜面林保存についても、現地で熱心に指導してくれました。

「すぐに、土砂は片づけたほうが良いですよ、ぐずぐずしてはいけません。川沿いの人が心配されてるでしょう。西洋タンポポより洪水の危険です」

と、植物の先生らしくないことを言われます。

「でも、環境団体の人はタンポポを守れと言ってるんです。県議の先生も間に入ってるんです」

「西洋タンポポなら、日本では一年中開花しているんです。そして、種を散らして拡がっていくので、どこにも生えてますよ、ここのタンポポは、洪水になれば、どうせ流されていってしまうでしょう。それより、人の生活が大切です。私の名を出してもらっても結構ですから、急いで工事をやるべきでしょう」

と、真剣に付近住民の心配をしておられます。

植物をこよなく愛する先生のお許しをいただいたので、県議に電話をいたしました。

「現地を見てまいりましたが、あんなに土砂が溜まっているとは思いませんでした。大雨になれば、付近の住宅は流される恐れがあります。急いで浚渫しなければと、改めて、判断いたしました。また、先生の心配されていたタンポポの保全ですが、植物専門の先生に相談いたしましたところ、工事を進めてよろしいそうです。むしろ、住民の危険を防ぐことのほうが大切と言われました」

「それなら良いんですよ。私も支持者の手前、ああ言いましたが、川沿いの住宅が流される恐れがあるというので、心配していたんですよ。所長が現地を確認し、専門の先生の判断もいただいたということであれば、私も支持者の人たちに説明しやすいです。どうもありがとう」

と、晴れて了解をいただきました。

工事は、二、三日で終了し、川もさっぱりといたしました。しかし、上流からこれだけの土砂が流れて来たとなると、どこか、崩れたり、河床（川の底）が下がった所があるはずです。

はたして、上流五百メートルくらいの所にある平地林が崩れて、川幅がだいぶ広くなっておりました。しかし、この付近には人家もなく、これ以上崩れそうにないのでホッといたしました。

教訓

人間の生活と野生生物との折り合いについての問題ですが、過剰に反応する方が多くなりました。

環境の保護を訴える方と、それによってリスクを生じる地域住民とが、それぞれ、役所に苦情を申し立て、互いに話し合うことは少ないようです。

こんなときは、行政の者だけで判断せず、専門の方の意見に基づき対応したほうが良い結果になります。

絶滅危惧種のオオタカやクマタカの保護対策を五年間やりましたが、クマタカはともかく、オオタカはいたる所に棲息しているので、国や県が中心になって、広範囲の組織的な調査と法整備が必要だと痛感しております。オオタカのためにリスク（伐採の制限、開発が出来ず土地評価の下落等）が生ずる地域が多いからです。これに対する補償が無いままとなりますと、オオタカが住民に恨まれる恐れがあります。これはオオタカの生存にとって、重大な脅威となります。

「オオタカがいて困った」から「オオタカがいて良かった」となるよう、オオタカが棲息する地域の人たちの理解を取りつけることが、オオタカの保護にとって最も大切なことだと思います。

これらのことから目をそらしている学者や環境団体の人が見受けられるのは残念なことです。

「そのことによって、リスクを受ける方たちへの配慮がされない議論は無責任でしかない」からです。

詫びに行った現場代人

夕方、担当課長から報告がありました。

内容は、河川現場に重機を搬入したところ、民家の塀を壊し、これから謝りに行く相談を建設会社の担当者としたいとのことでした。

河川工事は水の少ない冬場に行うのが常ですが、水の流れを変えたり（瀬回し）、堤防を広げたり（引堤）することから、出来るだけ大型の機械（ブルドーザー、トラクターショベルなど）を稼働させることが能率を上げる条件となります。

しかし、河川に入る道路はどこも狭く、大型の重機運搬車（ブルドーザーなど大きければ大きいほど運ぶ車も大きくなる）をどう現場に搬入するかが腕の見せ所になります。

こんな所へ、よくこんなにでかいブルが入ったのかと感心させられることも多々ありましたが、細心の注意を払いながらも、うまくいかない場合もあって、民家の塀を壊すこともたまにはありました。

担当課長が会社の人を連れて私の所へやってまいりました。

「いま、相談したのですが、これからすぐ、現場代人（社長の代理で現場の責任者、現場監督とも言う）を謝りにやるそうです」

「岩森さんが一人で行くのですか。それは、ちょっと……」

と私が言いますと、

「こういうことは早いほうが良いと思います。服を着替えて、すぐに行くよう現場代人に連絡を取りました」

と建設会社の人も早口で言いました。

「ふーん、彼が一人でねえ」

「あんなに真面目な人はおりません。それは所長も知っておられるでしょう」

「役所からも誰か行ったほうが良いのではないかな」

と私が言いますと、

「とりあえず、今日のところは当社の者だけで対応したいと思います」

と言って会社の人は帰りました。

次の朝です。

「所長はいるか！　所長はいるのか！って聞いてるんだ！」

と玄関先で誰か怒鳴っております。しきりになだめている人もおりますが、その声はますます大きくなるばかりでした。

「所長は私ですが、どうぞこちらへお越しください」

と所長室へ案内いたしますと、

「てめえが所長か！　県も汚ねえじゃねえか、あんなやくざをよこしやがって」

青い顔をして怒っております。

「どうぞおかけください。どんなお話なのか伺いたいと思います」

と私もちょっと心配していたことが現実になったので「しまった」と思いました。

「ははあ、塀を壊した家の人だなあ」

とピーンと来ました。

「話も何もあるか！　県は恐喝もやるのか！　昨夜は怖くて一睡も出来なかったんだ！

それも、納屋の中に隠れていたんだ。女房子供は千葉に逃がしたんだ」

所長室の入り口で、お茶を持った職員がこの人の剣幕に、入ろうか入るまいかたたずんでいたので、

「ここへお茶をお出しして、工務課長を呼んでくれないか。塀を壊してご迷惑をかけた方が見えたとなあ」

「本当に申し訳ありませんでした。お宅さんの塀を壊したというので、役所でも謝りに

行くことになっていたんですが、こちらへ、わざわざお越しいただいたのでなおのこと恐縮しております」

「県のやり方は汚ねえ！　人を馬鹿にしやがって」

「塀以外にも、何かお気に障ることがあったのでしょうか」

「気に障るも何もあったもんじゃねえ！　工事の知らせで、道の向こう側の者には一軒残らずタオルを配っていながら、こっち側の者には、でっけえ車で八つ当たりだ！　タオルがほしいわけじゃねえ、やりかたが気に食わねえんだ」

建設会社では、工事に着工する前に、迷惑のかかりそうなところにタオルを配って挨拶回りをいたしますが、運転手が間違えて予定外の道から重機運搬車を入れてしまったので、この事件が発生してしまい、こんなところにも影響が出たのです。

「バリバリバリッと音がしたんで、飛び出してみりゃ、壊れたのは俺んちの塀だ。タオルを配った向こう側の塀はかすりもしねえ、何の恨みがあるんだ！」

「それは申し訳ありませんでした。ブルドーザーを運ぶ車の運転手が道を間違えたようなんです。そこへ誘導も無しで入り込んだので、お宅さんの塀を壊してしまったようなんです。申し訳ありません」

と私が平謝りに謝ります。

「俺が怒っているのはそんなことじゃねえんだ。県のやり方が気にくわねえんだ。きのう来た奴は何者なんだ。どう見たってやくざ者じゃねえか！　俺たちみていな者には、県には逆らえないようにああゆう奴をよこすんかい。県はでかいし、金もあるからどんなやりかただって出来るって言うんかい。片方でおどかしといて、片方では、所長が謝って事を済ますんかい」

「あんなに恐ろしかったことはねえ、殺されちゃ元も子もねえ。俺だって命は惜しい。それより家族だ！　家族を守んなきゃなんねえ。奴が門の前ウロウロし始めたんで、いまのうちにと、裏から隣の庭を通らせてもらって、女房の実家がある千葉へ逃がしたんだ。俺も一緒に逃げたかったんだが、家のことも見届けなきゃあなんねえ。仕方ねえから納屋の天井裏へ隠れたんだ。ここは近所の者だって知らねえ場所だから何とかなると思ったんだ。生まれてこのかた、こんなに怖かったことはねえ」

「俺もタクシー会社に勤めているが、交通事故なんかでもめると、頭をツルツルに剃った怖い兄さんがやってきて、補償をもらえるはずのこちらが金を出す始末だ。そんなやりかたを県がやるとはなあ」

とようよう落ち着いてきました。

「タオルも配ってもらえねえで、塀をぶっ壊される始末だ。俺も頭にきていたんで、飛び出して怒鳴ったんだ。そのときは運転手もペコペコ頭を下げていたんだが、後から本物のやくざ者をよこすとはなあ……。『県に逆らうから』と、千葉に逃がした女房も言っていたんだ」

「きのう、お詫びに伺った岩森さんは私もよく知っておりますが、一見、怖い顔に見えますが、あんなに真面目な人はおりません。誠実な仕事ぶりで、優秀工事の表彰を何回も受けているんですよ」

「え！　頭をツルツルに剃って、ダブルの背広を着たのがやくざ者じゃねえって言うのか」

「岩森さんはフケ性で、頭によくカユカユが出来るてんで坊主頭にしているようなのです。また、以前は太っていたのですが、この頃ひとまわり痩せたようなのです。お袋さんが亡くなったので、その看病疲れみたいなんです。とても気の優しい人なんです」

「……」

「現場の服装のままでお宅に伺えば良かったと思いますが、岩森さんも謝りに行くというので、着慣れぬ背広を着て行ったのでしょう。口数も少ない人なので、どう謝ればよいのか困っていたんではないですか」

私の話を聞いて安心したのかそのまま帰りました。

翌朝早く、建設会社の社長と岩森さん、それに私と担当課長とで、改めて謝りに行きました。

苦情の主はもう出かけていて留守でしたが、盆栽が所せましと並べられていて我々を迎えてくれました。

子供さんたちはちょうど学校へ出かけるところで、奥さんと一緒に見送りました。

「このたびは大変申し訳ないことをいたしました。また、ご主人には役所までお運びいただき恐縮いたしております」

と私が申しあげますと、

「うちのが早とちりで、かえってお騒がせしたようで、すみませんでした。でも、『所長室まで通されて所長さん自ら相手をしてくれた』と、帰ってくるなり言いまして、とても上機嫌でした。今日も皆さんお揃いで来られて、そんなに気をつかっていただかなくてもよろしかったのに」

と言ってくれました。

教訓

どなたにも早とちりはあるようです。現場の責任者は、夏は炎天下で、冬は寒風吹きすさぶ中で仕事をいたします。それに衆人環視の中で作業をしなければなりません。したがって、それに耐えるような顔つきになります。それをそのまま一人で謝りに行かせてしまったのが誤解を生んだようです。

岩森さんは盆栽では玄人はだしなので、この工事が終わる頃には、きれいに直した塀の内側で、この苦情の主に盆栽の指導もするようになりました。

役立たず

「県道が水浸しなんだ、側溝の蓋から水があふれ出ているんだ。すぐ来て何とかしろ！早く来なければ手遅れだ。いいな、わかったな」

なんとも乱暴な言葉で、苦情電話がかかってまいりました。

「どちらさまでしょうか、場所を教えてください」

「何聞いているんだ。馬鹿めが！　所沢消防署の近くだ。行政道路じゃねえほうだ。道路で水が噴き出してるんだ。早くしろ」

「西武池袋線の西所沢に近いほうですかね、お宅さまの住所を聞かせてください」

それから、急いで現場に駆けつけました。すると、道路を流れているはずの水が見当たりません。水道管が破裂して道路が水浸しになっているのではないかと早とちりして、市の水道課の人にも連絡してしまった後です。

現場はどこかと探していると、立派な屋敷の大きなガラス戸が開いて、上下とも白いトレーニングウェアーに身をつつんだ気難しそうな老人がサンダルばきで、出てきました。サンダルは女物らしく、小さめでかかとが高くなっていたので、歩くたびに、お尻をヒョコヒョコ振りながら調子を取っておりました。

「川越土木の者か？　どこを見てるんだ！　馬鹿めが。ここだ、ここだ！」

と指さします。

なるほど、側溝の蓋から水がにじみ出ている所があって、じわじわと道路を濡らしております。

「雨が降っているわけでもないのに、これは変ですね」

用意してきた道具（先端に折れ曲がった爪がついており、手元が握れるように輪になっている）で側溝をこじあけると、泥が上のほうまで溜まっていて、その上に水がひたひたと流れていました。

こんなに側溝いっぱいになるまで泥が溜まることはめったにありません。側溝は道路に降った雨だけを流す施設だからです。

原因を探るために、次々と蓋を開けていきました。どこも泥でいっぱいでした。

さらに、隣の家のほうまで開けていきますと、

「何でそんなほうまで見るんだ！　この馬鹿野郎！　余計なことするんじゃねえ」

と怒っております。

「なぜ、こんなに泥が溜まってしまったのか調べているのです」

「調べてどうするんだ！　馬鹿めが、俺の家の前だけやればいいんだ。隣のほうまで誰が頼んだ！　この馬鹿！」

「こんなに泥が溜まってるんです。お宅の前だけやっても水が流れませんよ」

「電話したのは俺だ。余計なことするんじゃねえ」

と年の割に子供っぽい人で駄々をこねております。

「せっかく、側溝の清掃をするのです。あなたさまのお蔭でこの辺一帯がきれいになれば皆が喜びますよ、私もこんなになってるとは思いませんでしたので、頑張ってすぐにもやりたいと思います」

「うるせえ！　それが余計なお世話なんだよ。俺のうちの前だけやればいいんだ。他の奴らは、それぞれ頼めばいいんだ。電話代払って、隣の分までやられちゃ損するのは俺だ！」

「損することはないでしょう、この地域の側溝があなたさまのお蔭できれいになるのですよ。こちら側だけでなく、反対側の側溝も泥が溜まってるので、これも一緒にやれば効果絶大ですよ」

「なんだと！　反対側までやるのだと、馬鹿かおめえは、言うに事欠いて、反対側までやる馬鹿がどこにいる。わからん奴だな。何もしねえでよくなる奴はまるもうけだ。損するのは俺一人だ、こんな簡単なことがわからんのか」

「こんなことなら、電話するのじゃなかったな。馬鹿馬鹿しい、わかった！　この話は無かったことにしてくれ。絶対、どこも手をつけないでくれ。帰った、帰った！　役立たずめ」

「こんなひどい状態では放ってはおけません。泥だけでも片付けないと」

「俺の家の前しかやらんと言うならやってもいいが、とんだやぶ蛇だ！　くだらん」

「側溝は一箇所だけやっても駄目なのです。流末(側溝の水を集めて最後に放流する所で、小川や下水管が多い)からきれいにしていかなければなりません。電話をくださったのは、側溝に泥がつまったからでしょう。それが改善されれば、お宅さんの目的は達成されるわけじゃないですか。周りはともかく、そうお考えになっていただけませんか」

「この馬鹿！　周りまでやるんならやらんほうがましだ！　役立たずとはおめえみていな奴を言うんだ、この役立たずめ！」

と咆哮し、ガチャンとガラス戸を開けて家の中に入ってしまいました。

すると、また戸が開いて、

「この辺の側溝は俺が許可しねえ限り、いじっちゃならんからな」

と念を押しました。

仕方ないので、その足で自治会長の所に行き、この辺一帯の側溝清掃を申し入れました。

「あの人は変わっているんだ、後のことは私が責任持ちますんで、ぜひ、進めてください」と逆に、強く要望されました。大雨が降る前にやらなければ大変なことになるので、急いで清掃を行いました。トラック四台分の土砂が出ました。また、この大量の土砂は新たに造成した所から流れこんでいたので、そこに土砂流入防止柵を設けました。

教訓

この苦情の主のお蔭で、側溝の異常が発見出来ました。このことは自治会長にも申し上げました。ありがたいことです。

しかし、言葉の最後に必ず相手をののしるのは、立派な屋敷の主にはふさわしくない人だと思いました。

「言葉づかいはその人の生き様を写す鏡」と言われるからであります。

青大将

不老川をきれいにする会の面々が訪ねてまいりました。代表の新井悟楼さんは滋味あふれる風貌と相まって人柄の素晴らしさが魅力の人です。くわえて、何十年も新聞記者をされたとかで、正義感が強く、何者にもひるまない記者魂を持った方なのです。したがって、話も分かりやすく説得力があります。

「今日は、会長さん自らお越しいただき、何のご用でしょうか」

と聞きますと、

「今日はお願いがあって来たのです。不老川もだいぶきれいになったので、そろそろ、鯉や鮒など放流したらどうかと思いましてね」

「皆さんのお蔭で、不老川も見違えるようにきれいになりましたね」

「いやあ、県や市でもいろいろやっていただいたのでね」

「皆さんの熱意が、県や市を動かしたと思うんですよ。新井さんには逆らえないような迫力がありますもんね。河川愛護の大会などでは、よく講話をしてもらっておりますし、大変ありがたいことだと思います。最近は、新井さんの考えが、県全体にも浸透したようですね」

「『日本一汚い川不老川』では、付近に住んでいる我々のメンツが立ちませんのでなあ。『皆できれいにしようや』と、立ち上がったんです。その経験談が県民の皆さんのお役に立ったみたいでうれしい限りです。これが動機付けになって、県内の川が皆きれいになればこれに越したことはありません」

と照れながら頭に手をやっております。

「ところで、魚の放流をなさりたいのですか？　不老川で鯉や鮒ですか？　ちょっと、魚が大きいのではないですか？」

と私が考え込んでおりますと、

「何か問題があるんですか？　奥歯に物が挟まったような言い方、いつもの所長らしくないなあ。いままでの汚い川では可哀そうだが、いまなら良いのではないですか？『川に魚が泳ぐ』何が困ることがあるのですか？」

「いいえ、不老川そのものに問題がありましてね。ご案内のように、この川は自然河川ではなく、人工的につくられた川なのです。そこがちょっと心配なのですよ」

「昔は、魚が泳いでいたと聞いたことがありますが」

「ええ、でも、鯉や鮒ではないはずです。川の勾配がすごく急なので、それに川幅も狭いことから、大水のときに逃げる所が無いのです。自然の川なら、小川や淵などあって避難出来る場所があるのですが」

「下流に流されても、また、上ってくれば良いのではないですか」

「洪水の流れでは、ひとたまりもありませんよ。それに、魚のえさになる水棲昆虫も同様に流されてしまうのです。この急流では、川虫のカワゲラやトビケラの仲間でないと棲めませんよ。彼等なら小石をつないで巣をつくったり、石の下にはりつくのが上手ですから」

「それなら、その虫たちも放流すれば良いのでは？」

「いやあ、水質がある程度良くないと駄目なのですよ。イワナやヤマメが棲むような所に多い虫ですから」

「では、駄目なんですか。魚が泳いでこそ川なんですがねえ」

「魚が逃げ込めるような場所を確保することと、餌をどうするかですよね」

「餌は、我々がまけば良いのでは」

「新井さんらしくないですよ。川が汚れる原因をつくることになりますよ」

「魚が駄目だとすると、せっかく盛り上がった河川浄化運動に次なる目標が無くなるなあ」といつもは爽やかな温顔を曇らせております。

「青大将！　青大将ですよ！　この間、不老川の工事現場で二匹もいたのですよ。どういうわけか。不老川では必ず姿を見るんです。野生の動物ってきれいですよね」

この素晴らしい提案に、新井会長以下浮かない顔をされております。

「青大将じゃあねえ、気味が悪いわ」

と女性会員などからすこぶる評判が悪いので、

「何を言っているのですか！　あの大きな入間川でも滅多に見られなくなっているんですよ、十回のうち一回見られれば運が良いほうでしょう。それだけ、青大将は珍しくなっているのですよ。見たくても簡単には見られなくなっているんです」

「もともと、蛇なんか見たくないのです。しっぽの先を見ただけでも、ぞっとするわ！　まったく」

「ところで、蛇の尻尾はどこからかご存知ですか？」

「知りません！　どこだってかまわないでしょう」

「尻の穴から先なのですよ。あの細長い体のなかに、肺や胃腸など納めなくてはならないので大変みたいですよ」

「所長さんが何と言おうと、青大将はいやなんです！」

「そうですか、でも、青大将以外のものとなると、もっと珍しくなるのです。ヤマカガシやシマヘビは山に行ってさえも非常に少ないのですよ、マムシは毒があるし、ジムグリとなるとさらに見つけにくいようです」

「不老川を蛇でいっぱいにしないでください」

「蛇は大！　嫌い！　です」

「蛇は可愛くないと思う人が多いようですが、生態系から見ると二次捕食者に位置しており、環境がある程度良くないと棲息出来ないのです。それが不老川にはたくさんいるのですよ。とても素晴らしいことだと思います。見た目で嫌っては可哀そうです。養殖された錦鯉などと異なり本物の野生動物なのですよ」

と、熱弁をふるいました。が、

「所長さんは、蛇が気持ち悪くないんですか」

「ええ、病気にかかったものや、寄生虫などは気持ち悪いですが、健康なら、どんな生き物でも皆美しいと思います」

「ゴキブリなんかでもですか」

「ええ、病気にかかった孔雀よりは美しいと思います」

そこで、皆あきれて帰りました。

「所長は、相手がもう辟易しているのに、そんなことはお構いなしに自分の考えを押し付けるのは悪い癖ですよ。相手の気持ちを思いやる所が欠けているんですよ」

と立ち会った職員の一人からひどく叱られてしまいました。

あとで考えてみましたら、この職員も大の蛇嫌いでした。

教訓

見た目に愛らしいオオタカやカワセミなどの鳥さんたちや可憐な草花だけを保護しようとするのは人間の独善です。

ゴキブリだって、人知れず人類を破滅させるようなウィルスを制御しているかもしれませんし、何億年も色々な環境を生き抜いてきた経験を持つ生物です。地球環境の悪化に耐える知恵を人類に教えてくれるかも知れません。

色々な生物が多様に棲息する。これが人間の環境にとって最も大切な事と思います。

いずれにいたしましても、河川管理者にとって「魚の棲めない川」と言われることは痛烈な苦情であります。いくら周辺に野生生物が棲んでいても弁解にはなりません。

最近（平成十五年九月頃）不老川でコガタシマトビケラ（平地性の水棲昆虫で魚の餌にもなる）の仲間が多数発生いたしました。水質が良くなったのと、コンクリート護岸から鉄線蛇籠護岸に替わって、洪水にも流されない場所が確保出来たことが原因と思われます。こうなると、魚も自然に発生するのは時間の問題です。新井さんの進めてこられた不老川浄化運動への自然からの大いなるご褒美です。

草刈り

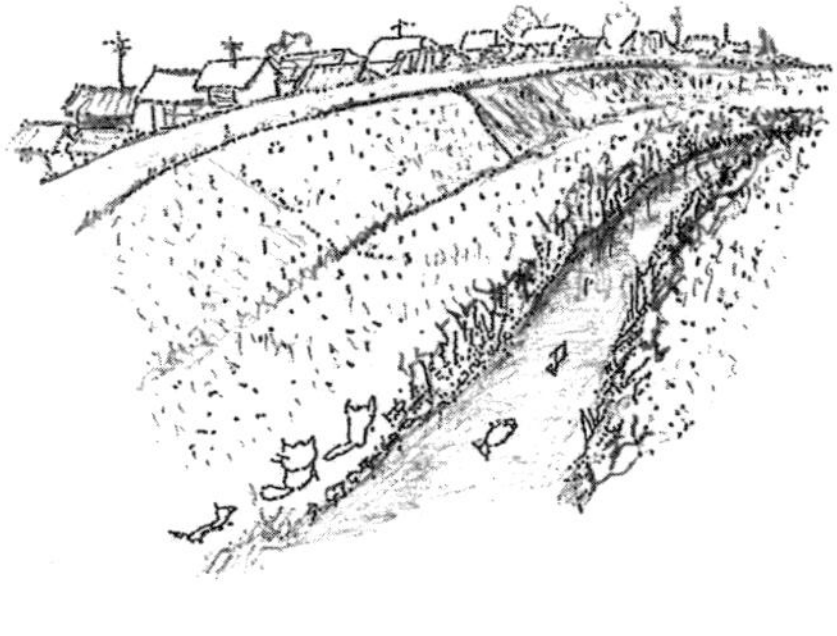

「新河岸川の草刈り断固反対」の苦情電話が次々と寄せられました。担当の課長が懸命に説明をいたしましたが聞き入れられません。

そうこうしている間に業を煮やした環境団体と住民の代表が役所に乗り込んでまいりました。

やはり、担当課長と次長とで相手をいたしましたが、

「わざわざ来たんだ！　所長に会わせろ！」

「責任者は誰だ！　知事でないと話にならんのか」

と四、五人の方が所長室に入ってまいりました。

当時、県で買収済みの土地にパチンコ台が何万台も野積みにされたり、朝霞の産廃問題（河川改修工事の途中で埋められた産業廃棄物が掘り出され、悪臭とＰＣＢ含有により大騒ぎとなった）などにより、目の回るような忙しさでした。そんなときは、どういうわけか後から、後から問題が発生いたします。

「所長！　なぜ、税金で草刈りするんだ」

「川で生活している動物たちのこと、考えたことあるのか、可哀そうじゃねえか」

「自然保護と草刈りの関係はどうなんだ」

「税金の無駄遣いと自然破壊、これが草刈りの実態じゃねえのか」

突然、やって来たお客さんが、機関銃のようにしゃべるので、あっけに取られて聞いておりますと、

「所長、何とか言ったらどうだ！　黙っていたんでは返事にはならんがな、草刈りの必要性は何なんだ」

こう矢継早では、課長たちも手を焼くわけだなあと、ぼんやり早く動く口を眺めていたのですが、はっと我に返り、

「新河岸川の草刈りは年に二回行っております」

「なにっ！　二回もやっているのか、ますますけしからん、無駄なことを、役所は何も考えずに何を無駄なことを」

「そんなことに我々の税金が使われるのはたまらんな」

「理由はなんだ！　何なんだ！　聞かせてもらおうじゃねえか」

「夏の出水期前に一回と、草が枯れる前にもう一回、草刈りを行っております……」

私が話し始めると、いらいらして、

「時期を聞いているんじゃねえ、理由を聞いているんだ」

と凄い剣幕です。これでは、担当課長の説明も耳に入っていないようです。皆、興奮して、私が一言言うと、立て続けに抗議の言葉でがなりたてます。それにはもう構わず、

「新河岸川は川幅がとても狭いのです。そのため、川幅を拡げる計画があり、下流から工事を行っておりますが……」

皆、あきれてポカンとしております。

「新河岸川の周辺は都市化の進展が著しく、いまや、人家が密集しております。大雨でなくても床上浸水被害が出るありさまです。ですから、出来るだけ川の断面を有効に使いたいのです。草が繁茂すると、流れにブレーキがかかり、堤防より水があふれやすくなるんです」

「それでは、秋の草刈りはどうなんだ！　棲家を奪われた動物たちは冬をどうすごしたらいいんだ」

「長い説明はいらんから、要領よく納得がいく説明をしてくれんか」

「秋の草刈りは火事を防ぐためなのです」

「今度は短かすぎて何のことかさっぱりわからん」

「草刈りと火事に、どんな関係があるんだ」

「さきほど申し上げたとおり、人家が密集しているのです。堤防も多数の人が通行するようになりました。タバコの投げ捨てで火災が発生する恐れがあります。ボヤ騒ぎも起きております」

「……」

初めて、皆黙り込みました。

「草刈りは、周辺の住民を守るための大切な作業なのです。また、堤防を管理するためにも、草ぼうぼうにしてはおけないのです。異常発見のためにも、人が通れて観察出来なければなりません。草木が繁茂し過ぎて、根をはったりしますと、堤防を傷める恐れがあります」

「それでは、川の中で生活している鳥獣はどうなるんだ。自然保護はしないのか」

「もともと、新河岸川は人工的に造られた河川なのですが、周辺が開発されるとともに、動物たちがそこに逃げ込んでいるようです。わずかな空間であっても、彼等には大事な場所になっているようです」

「そうなんだ、所長はわかっているじゃねえか、まったくそのとおりなんだ」

急に元気が出てきました。

「新河岸川は、いまや、鳥獣保護の拠点になっているんだ。草刈りはそれに反する行為で、断じて許すわけにはいかん。しかし、洪水や火災で困る住民が出るのもゆゆしき問題だと思う。そこをうまく考えるのが所長！　あんたの役割だよ。今日はこの点をしっかり要望しておきます。返事は来週中にも改めて聞きに来るので頼みます」

とあっけに取られている私を尻目に格調高く、一方的に要望して帰りました。

「途中までは、まあまあ良かったが、最後の一言が余計だったんですよ、あの一言で、宿題が出来ちゃったじゃないですか」

と担当課長などからブーイングが出ました。

そうなのです。所長といえどもうっかり余計なことを言いますと、皆から叱られるので大変です。お蔭で、この対応策は「自分でまいた種は自分で刈り取る」ということで、所長の私が考えることになりました。

新河岸川は、平野の川なので両岸に堤防があり、この堤防と堤防の間に、普段、水が流れる堀（低水敷）があります。したがって、堀と堤防の間に平場があり大雨のときにはここまで水位が上がるので、これを「高水敷」と呼んでおります。しかし、この平場の部分が狭いので、毎年のように堤防から洪水が溢れ出てしまうのです。このため、下流から河川断面を拡げる工事を懸命に行っているのですが、用地買収などもあり、なかなか進みません。

この河川改修が済めば、人家の近く以外は草刈りの必要が無くなります。しかし、現実にはあと何年かかるか、正直言って、見通しが立ちません。現状のままで、まず、草刈りをしないで済む所を考えました。

そうだ！　水の流れている両脇は、草刈りもやりにくいし、ここを残せばいいのではないかと思いつきました。

そこで、さっそく、生態系保護協会の堂本さんに相談することにいたしました。「ビン沼の自然を生かす公園づくり」でご指導いただいたことがあるからです。

堂本さんは、自然保護団体の人にありがちな、不可能に近い理想論だけにこだわることのない人で、役所の考え方にも真剣に耳をかたむけてくれます。言うなれば「現実的に可能な保護策」を冷静に見極めることが出来る、とてもバランスの良い人です。

はたして、私の提案に快く賛成してくれたばかりか、現地を一緒に歩いてくれました。

その結果、川幅の広い所は、堤防そのものだけを草刈りすることにし、それ以外の所についてはそのままにして、手を入れないことにしました。

川幅の狭い所は、河川改修されるまでは、全面的に草刈りを行うことにしましたが、普段、水の流れている両岸の部分を一メートルから一メートル半くらい、草を残すことにいたしました。

翌朝、担当課長と次長にこの案を示しました。

「こんな姑息な案では、誰も納得しませんよ、どっちにしても中途半端じゃないですか」

「草刈りのしにくい所を残すのは、こちらにとって都合が良いだけで、保護団体の人は怒るんじゃないですか」

と思ったより悪くない感触で意外でした。全面否定ではないからです。しかし、これは行けそうなのだが何か釈然としないものがあるな、と、別のことを考えておりますと、

「何か、まだあるのですか」

「うーん、いまになって、何かひっかかるものがあるんだがなあ」

「何があるのですか、堂本先生には見てもらっておりますし、少しでも草や木が生えていれば、いまよりはましですよ、水辺にボヤボヤと生えているだけですけどね」

「そこなんだよ、何か卑猥な感じがあるのだな」

「所長は、こんなとき、何を考えているのですか、まったく話にならん」と皆にあきれられてしまいました。他には妙案がないので、この案でいくことにしました。

これが功を奏しました。役所の者だけの判断だけでなく、専門家の意見が入っているところが評価されました。

実際にやってみると、このわずかな草木が小動物たちの行き来する道（コリドーと呼ばれております）になり、キツネやタヌキまでもが目撃されるようになりました。

思わぬ効果として、洪水のとき、この草木が目印になり、深い所と浅い所がわかるので、大きなゴミの除去などにも安全に作業出来るようになりました。

現在ではこの草刈り方式があちこちの都市河川で採用されるようになりました。

教訓

この苦肉の策が後に問題を引き起こしました。

洪水が引いた後で、このわずかに残した草木におびただしいゴミがひっかかって、それを取り除くのに大変な労力が必要になってしまったからです。新河岸川を守る会の人たちが中心になって清掃してくれるのですが、この片付けに四苦八苦してしまい、「我々だけでは、とても手におえない」との悲鳴が私の所にも届きました。堂本さんに相談した結果、環境団体の人も手伝ってくれることになりました。よく考えてみますと、下流に行くべきゴミが阻止出来たわけで、ここで片付けることは効率上良いのではないかと思われました。

この考え方が関係者の理解を得ました。新しいことを行う場合、さらに新しい問題が起こりやすいこと、それを解決するには関係者皆の協力が必要である、これが、今回の教訓です。

遅刻の朝

はっと時計を見ると、九時になろうとしていました。つい、寝過ごしてしまったのです。あれほど母に「八時に起こしてくれ」と念を押しておいたのに、そんなことを思いながら飯能土木事務所（現在、飯能県土整備事務所）に駆けつけました。

今朝方の服装のままで寝ていたので、靴だけはけば、そのまま出勤出来るようになっていましたし、事務所までは十分とかかりませんでしたが、八時半始まりなので間に合うはずがありません。

玄関には、庶務課長自ら仁王様の顔をして立っておりました。

「正丸峠が崩れたからと言っても、君の遅刻は認めんからな！　君の家が事務所に一番近いんだ。いま、何時だと思ってるんだ！」

「申し訳ありません。母に頼んどいたのに『あまりよく寝ていたので、起こせなかった』と言うんですよ、本当に申し訳ありません」

「お袋さんのせいにするのか。いい年して、子供ではないんだよ」

「申し訳ありません。以後気を付けます」

「夜中の一時から今朝方まで、君が正丸峠で復旧活動をしていたのは知ってるんだ。しかしなあ、公務員は何があろうと遅れてはいかんのだ。朝八時半までにはきちんと出勤し、それから、時間給なり、半休を取ればいいんだ。だらしのないのが一番良くないんだ」

「はあ、今朝四時頃までに何とか通行止めが解除出来たので、ほっとしたのがいけなかったんです」

「この事務所の近所の者たちが、九時過ぎに、のこのこやってくる君を見て何て思うかだよ。しかも、飯能市役所もすぐそばなんだよ。市の職員の手前もあるんだ。私の立場がないだろうに」

「はい、大変申し訳ないと思います。これからは、朝五時過ぎに家に着いた場合は、もう寝ないことにいたします。寝ると、起きられなくなることもあるのがよくわかりましたから」

「そうだよ、八時半に事務所に出てきて、半休なり手続きをきちんと取ってから、家に帰って寝ればいいんだ」

そのとき、

「庶務課長！　市川君、ちょっと」

と、所長室の中から声がかかりました。一瞬、しまったと思いました。一部始終を所長に聞かれたようです。

「夜中の山崩れ、補修課長から報告を受けたよ。市川君はいつもながら手際が良いんで感心するよ。地元の人からもわざわざ私にお礼の電話が来たんだよ。夜中なのに、建設会社もすぐ来てくれるし、よくやってくれるよなあ。飯能警察署長からも『連絡を早くもらえるんで助かる』といま電話があったんだよ」

「ええ、警察が出てくれたんで助かりました。通行止めの場合、警察官がいるのといないのでは大違いですから」

「それを、さっきから聞いていると、市川君が遅刻をしたのを叱っていたようだが、今朝まで懸命に作業していたんだ。近所の者が何言おうと『彼は今朝まで夜間作業をしていたんだ』と言えばいいんだ。それについて、文句を言う県民はいないと思うよ。台風などの水害防止活動ならともかく、夜中出たからと言って、超過勤務手当が一円でも出るわけないし、ただでやってるんだ。それを役所に出てくるなり、頭からおこられてるんでは市川君の立つ瀬が無いだろうが。『夜中から今朝まで大変だったね、ご苦労さん』と、なぜ言えないいんだ。今月は何回も夜中に出てくれてるんだ、しかも、この真冬にだ」

「しかし、市川君の家から土木事務所までは目と鼻の先なんですよ。それが遅刻したんでは示しがつきませんよ、規則は規則ですから」

「それなら聞くが、市川君は正式な命令を受けて夜中の苦情処理をしているのかね」

「それは困るんです。命令を出せば手当を出さなければならなくなります。そんな予算は無いので出来ません」

「君の都合だけで考えるから、そんなつじつまの合わんことを言うんだ」

「市川君、夜中に出たら、朝何時に出てきてもいいからな。これは私が責任を負うからな、そのかわり、現場の状況や処理については、補修課長なりにしっかり引き継ぎをしてほしいんだ。それは、電話一本でいいからな」

「ありがとうございます。しかし、朝も遅れないようにしたいと思います」

教訓

所長がやってはならないことがあります。まず、所長室へ呼ぶのは庶務課長だけにすべきです。その部下の前で上司を叱るのは厳禁だからです。また、叱る相手の前で部下の労をねぎらうのはさらに良くないことです。こののち、庶務課長との間が気まずくなり、苦労したのは、所長ではなくこの私だったからです。

土木事務所の庶務課長は激職で、何百本もの入札やそれに伴う契約をしなければなりません。また、車両の手配や職員の福利厚生などあらゆる世話をやくのです。ですから、優秀な人材が担当することになります。しかし、それ以上の仕事が山積しており一職員のことで所長に叱られたのでは間尺に合いません。

私には、度重なる夜間出動で、誰よりも活躍しているんだというおごりがあったような気がいたします。その気のゆるみが遅刻になりました。

春の嵐

有間ダム建設事務所から川越土木事務所に転勤した頃の話です。

私も主任から係長に昇進したので、毎日張り切って苦情処理に取り組んでおりました。

しかし、昼休みなどに、ひそひそと、

「毎年、ひどくなるみたいね。来るんなら、いつ来るのかわかればねえ、私だって休みたいわ」

「突然、襲来するから、こわいのよねえ」

などと、ときどき、話しているのを耳にいたしました。

その日も、昼に現場から帰ると、

「あーあ、やになっちゃうわ、被害を被るのは私たちなんだから」

と、女子職員が集まって話をしております。

移動したてなので遠慮していたのですが、勇を奮って聞いてみました。

「何か襲ってくるんですか。台風みたいじゃないですか」

「そうじゃないのよ、台風ならまだ良いんだけど、良くないか。毎年春になると、怒鳴り込んで来る人がいるのよ、事務所じゃ、皆右往左往で大混乱するの。所長まで逃げ出す騒ぎなんだから」

「それはただ事ではないな、何のことだろう」

「境界のもめ事らしいの。本人が立ち会わないで決めちゃったらしいの。どうもこちらが悪いみたいなので警察にも言えないみたいなの」

「一人で乗り込んで来るのは、よくよくのことだなあ。それも毎年とはね。でも、なぜ、春に来るんだろう」

「わからないわ、だから『春一番』とか『春の嵐』とか呼んでるの。ともかくこわいんだから、思い出すだけでぞっとするわ。あーあ、憂鬱」

皆の話をまとめてみると、毎年春になると、迫力のある人がやって来て、男子職員は蜘蛛の子になり、女子職員が生け贄にされるらしいのです。

それから数日経ってのことです。

「所長！　出てこい！　中にいるのはわかってるんだ。さっき、確かめたんだ。今年はどうあっても逃がさんからな！　早く出てこいって言ってるんだ！　てめえじゃねえ、所長だ！　毎年こけにしやがって」

なるほど、大きな声です。一番奥にいる私の席までビリビリ伝わってきます。玄関先で怒鳴っている人がたまには来ますが、こんなに大声の人は初めてです。私も剣道をやっていたので、声は大きいほうですがこの人には敵いません。

庶務の人が一生懸命になだめておりますが、体も大きく仁王様のようです。全身に怒りがみなぎっていて、憤怒の形相凄まじく、もの凄い迫力でした。

怒りをこんなに表現出来る人に出会ったのは初めてです。ぼんやり、感心しながらなんとなく別世界の出来事のように眺めておりました。

ハッと我に返り、周りを見渡しますと、所長はとっくに姿を消しております。職員の大半は庭や付近の道路に避難しており、それとなく、こちらの様子を伺っております。

事務所を一歩外に出れば、どんな苦情でも承るのが私の仕事、と心得ていたのですが、事務所内ではそれぞれ担当がおり、特に、境界関係の職員は多くいるので、安心しておりました。しかし、春雷のどでかい声に一人抜け、二人抜けし、とうとう、私一人になってしまいました。

すると、女子職員がやってきて、すがるような目（自慢ではないがこんな目で見られたことはない）で、

「市川係長、相手をしてくれませんか。今日は帰りそうにありません」

どうやら、今年の熱帯低気圧は長々と居座り続けそうです。頼まれると断れない気の弱い私のことです。まして、女子職員の頼みです。夢遊病者のようにフラフラと巨大な音源に向かいました。

「お話を承りたいと思います。ここは受付なので、色々とお客さんが見えるんです。良かったら、所長室へおいでいただけませんか」

と内心、〝この方は所長に会いに来られたんだ〟と勝手に解釈し、所長には無断で、所長室に案内しました。

「どうぞおかけください。所長に代わって私がお話を伺わせていただきます」

「座って声が出せるか！　立ったままでいいんだ」

「そうですか、私は話の内容をメモしなければなりませんので座らせていただきます」

と言いながら、ソファに半座りになり、テーブルにノートを広げペンを取りました。

「川越土木は個人の境界を勝手に定めていいんかい。俺がいねえ間に何も知らん女房に無理にはんこう押させていいんかい。道路と俺の土地の境界なら構わねえ、隣の土地との境界は越権行為じゃねえのか。川越土木のお蔭で、隣との境界が俺の土地によっこされて、それも両側からだ、四角いはずの土地が巾着になる始末だ。両隣に文句を言いに行ったら、

『県が決めたんだ、文句があるなら県に言ったらどうだ』と勝ち誇ったように言いやがる。あげくの果てに『県が決めたものは間違いない』と、ぬかしやがる。ふざけんな！　県が勝手に個人の境界を決めるんじゃねえ。それで、ここへ文句言いに来たら、『よく調べて返事する』と言ったんだ！　それで、いまだになしのつぶてだ。川越土木は個人の境界を勝手に定めていいんかい。俺がいねえ間に何も知らん女房にはんこう……」

「それは、先ほど伺いました」

と、あわてて言いますと、

「そうか、そう言うんなら、読んでみろ」

と、話の腰を折られたので、凄い顔でにらみます。

「川越土木は個人の境界を勝手に定めていいのか……」

と、読み始めますと、

「そうだ！　そのとおりだ！　まったく、あんたの言うとおりだ」

と、立ったまま私の方に手をさしのべ、私の手をおおげさに押しいただきました。

「いいえ、これは、さきほどあなたさまのおっしゃったご意見を、そのまま読み上げただけなんです」

「そんなことはどうでもいいんだ、あんたは話がわかる」

と、初めてソファに座りました。

声もやわらかくなりました。

「俺がいねえ間に何も知らん女房に無理にはんこう押させていいんかい……」

「そうだ！　まったくそうだ！　あんたの言うとおりだ」

と、すっくと立って、また私の手を握り締める。

「これは、あなたのご意見を読まさせていただいているんで、私の意見とかではないんですよ」

「そんなことはどうでもいいんだ。県にもこういう奴がいるんだ。捨てたもんじゃねえ」

と涙を浮かべております。無念さがこみあげてきたのでしょう。

「あのう、お宅さまのご意見を、そのまま読まさせていただいているだけなんで……」

「うん、わかってるんだ、俺は嬉しいんだ。県にも俺の考えがわかる奴がいるんだ、それが嬉しいんだ」

と、何やら思いにふけっている。

「道路と俺の土地との境界なら構わねえ、隣の土地との境界は越権行為じゃねえのか……」

頷きながら聞いており、溢れ出る涙に耐えかねて、とうとう、そのまま軽トラックに乗って帰ってしまいました。

私は、何のことやら、キツネにつままれたような感じでした。

その後、このままにはしておけないので〝苦情扱い〟として私が担当することになりました。

現地を再調査することにし、法務局から調べ直しました。すでに国土調査が行われており、道路も改良されており、一メートルくらい高くなっていました。こういう所は、元々の境界杭が見つかる可能性があります。特に、この道何十年の、測量には絶対の自信がある私がやるのです。

道路と民地の境界が不明ということで、当時の人に立ち会ってもらいました。市道もあったので、市の人にも出てもらいました。境界査定については市町村の職員は凄腕ですので、百人力です。

定石通り〝不動点〟(昔から位置が動いていないとされる所、神社の門の基礎や古い屋敷の角など)から測り始めました。わかりやすい所だったので、それらしき所を次々と測りだし、目印をつけ、掘りました。

どの点も七十センチくらい掘った所にコンクリート杭が埋められておりました。それは国土調査と寸分違わぬ位置にありました。そこで、立ち会った皆がすぐに納得いたしました。測量をやるものにとってこんなに気持ちの良いことはありません。集まった皆も同じ気持ちでした。

苦情の主がどうしても家に寄れ、と言うので、市の人と一緒に伺いました。品の良い可愛らしい奥さんが出てきたので、

「こちらの不手際で長いことご迷惑をおかけいたしました。申し訳ございません」

と、心からお詫びを申し上げました。

「いいえ、こちらこそ、うちの主人は普段はおとなしく、とてもいい人なんです。でも、土地の境界のことになると、気が狂ってしまうんです。特に、春先になると、人が変わるんです。いくら止めても駄目なんです。そのくせ、土木事務所から帰ってくると、しばらく落ちこんでいて、とても可哀想なんです」

「本当に申し訳ございませんでした。奥さんにも大変な思いをさせてしまって、さぞ、つらかったでしょう」

「俺も無性に腹が立ってなあ、つらくあたってしまったんだ、大怪我させたときもあったなあ、こいつのせいじゃねえのになあ。この間、所長室まで通されて、あんたが、市川さんでしたっけ、一言一句聞き漏らすまいと、真剣になってるあんたを見て、我に返ったんだ、あんたが『何も知らん女房』と読んだとき、境界はもうどうでも良いと思ったんだ。あれから、こいつに謝ったんだ」

そばで聞いていた奥さんが泣いておりました。

それから、春の嵐は到来しなくなりました。

教訓

土地の問題で役所が大混乱になった話ですが、土地には怨念があり、軽々しくあつかうものではありません。また、苦情から逃げる姿勢が大きな失態となって、土木事務所全体で逃げまどうことになりました。

「土地にかかわる話はどんなことでも真摯に聞く、特に過去の経緯については情報は多い程良い」

これは用地交渉の基本でもあります。

苦情には正面から取り組むことが良い結果につながりますが、このことがあってから、「火中の栗は拾う」「眠った子は起こす」ことをモットウにいたしました。

筋違いの苦情

不老川は新河岸川の支川ですが、この合流点に近い所で毎年大小の水害が発生しておりました。私が川越土木の所長になって三年目のことです。

洪水が橋の上を流れるようになったので、通行止めのため、川越警察の北堀署長さんの所に相談に行きました。国道二四五号（川越街道）の所なので、警察の応援が無ければとても通行止めが出来ないからです。

さっそく、パトカーを出してくれることになり、同時に東入間警察署にも、同様のお願いに行きました。ちょうど、寒河江副所長さんがおられたので、さっそく、上福岡側も手配してくれました。

大雨で夜中のことですが、警察の機動力はたいしたもので、帰りがけには、もうパトカーと警察官が出て、通行止めになっておりました。

現場に帰りつくと、不老川のかたわらでは、土木事務所の職員と地元の方々とで、建設会社が重機で大きな土俵を積み下ろしするのを手伝っていました。

すると、橋の向こう側に大勢の人が集まっております。

「市長よ、何年、俺たちを水に浸ければ気が済むんだ！　どうやって生きてくんだよ」

「この川の水が家の中に入ってくるんだ。市長なら何とかするのが、市長だろうが」

「俺たちの生活を守るのが市長じゃねえのか」

夜中の土砂降りの中、心配して来てくれた川越市長の船橋さんに、皆が、やり場のない怒りをぶっつけております。

この地域の人たちにとって、市長はよほど身近な存在なのでしょう。遠慮の無いことを口々に言っております。

それらの言葉に、船橋さんは、黙って、いちいちうなずいて聞いておられます。

その中に、いつも夜中にここに来ると、率先して作業をしてくれる地元の代表者がおられたので、大きな声で（土木現場に長くいると、声だけは大きくなる）、

「この水害は、市長の責任ではないんです。不老川の河川管理者はこの私なんです。私がすべて悪いんです。私の心がけが悪いんで、皆さまをこの三年間、毎年、水漬けにしてしまったんです」

と、私が申しますと、皆が私のほうへ顔を向けました。

市長さんは、ほかにも見回らなければならない所がたくさんあるので、私にちょっと合図をされてその場を去りました。

どこの市町村長さんも、住民が難儀をすると大変です。皆が持って行き場のない怒りをぶっつけ、そのガス抜きにされるからです。しかし、それだけ住民には親しまれているからで、ちょっぴり、うらやましくもあります。いずれにしても、この日は川越市長さんも災難でした。

「市長は心配して、この土砂降りの中を来てくれたんです。責めないでください。責めを受けなければならないのは、この私なんです。私は、川越土木に赴任する前は、県の水資源課長だったんです。そのときは、雨が降らず県民を深刻な渇水で苦しめてしまいました」

皆、この雨の中、黙って聞いております。

「ですから、藁をもすがる思いで、群馬県の榛名神社を始め色々な所に雨乞いをしたのです。

それが、川越土木に来てから、効いてしまったようなんです。これほど多くの雨が、この川越に降ったのは百年ぶりぐらいらしいのです。どう考えても、皆さまを苦しめてしまったのは、私のせいとしか思えないんです」

この三年間で、だいぶ顔なじみになった人たちも、けげんな顔で私を見つめております。

「間もなく、私は辞めますので、新しい所長が来れば、もう、皆さまを苦しめる水害は無くなると思います。私より心がけの悪い人は多分いないと思いますので……、本当に申し訳ありませんでした。ですから、もう少しの辛ぼうなんです」

「所長が辞めれば、不老川は氾濫しなくなるのか」

「ええ、私以外の人が来れば、もう大丈夫ですよ」

と、簡単に請け負ってしまいました。

不老川が流れ込む新河岸川の改修は着々と進み、何より、障害になっていた東武東上線のガードが拡幅でき、川幅が広がったので、流れが格段に良くなり、水害も少なくなる見通しが立っていたからです。

それから、ほどなくして雨脚も弱くなり、住宅地に流れ込んでいた不老川の濁流もおさまりつつあり、両岸にうずたかく積まれた土俵を残して水位もどんどん下がってきたので、作業をしていた者は誰もがほっといたしました。

そんな夜中の水防作業があって、二、三週間経った頃のことです。あのときの地元の代表者が、手に包みを持って、一人で土木事務所にやってきたのです。

「所長よ、辞めねえでくれねえか。俺たちも言い過ぎたかもしれん。でも、所長を責めるつもりはなかったんだ。これは少ないかもしれねえが、皆の気持ちを集めたものなんだ。これで、なんとか辞めねえでもらえんだろうか」

と、風呂敷包みの中から「寸志」と書かれた分厚いのし袋を差し出しました。それを見た瞬間「しまった」と、思いました。

どうやら、地元の人たちは、私が水害の責任を取って辞めると思ったらしいのです。

「あのう、舌足らずで申し訳なかったんですが、私は定年で辞めるんです」

「定年？」

と、きょとんと不思議そうな顔をしております。自分で言うのもおこがましいのですが、白髪も少なく、どこか無邪気なところもあるらしいので、年より若く見られやすいのです。

「来年の三月で、定年退職するんです。水防のときには、皆さまには本当にお世話になりました。お蔭さまで、不老川も着々と工事が進んでおります。上流の狭山市や入間市の人たちや、さらに上流の瑞穂町の人たちまでもが参加して、下流に水を流さぬよう雨水対策（調節池や雨水地下浸透など）を行う組織が出来ました」

「そうだったのか、しかしなあ、この金は皆の相談の上なんで、持って帰るわけにはいかねえんだ。それじゃあ、退職の餞別ということで受け取ってもらえんかね」

私は、思わず胸が熱くなりました。水害で長らく苦労を重ねてきた思いが、そこには込められていたからです。

「受け取るどころか、皆さんには長年ご苦労をおかけいたしました。特に、私が赴任してからの三年間は、大雨の連続で、大変な災難をおかけしました。あの晩も申し上げましたが、私の不徳のいたすところなんです。本当に申し訳ございませんでした」

「所長が責任とって辞めるって言うんでな、皆が『あの所長にいま辞められては困る』と口々に言い始めたんだ、雨というと、夜中だろうと何だろうと、所長を始め、土木事務所の者が大勢で、飛んで来てくれるんで、俺たちも頑張ってこれたんだからなあ」

「私のような者に、そこまで気を遣っていただくなんて思いもよりませんでした。ありがたい気持ちと申し訳ない気持ちとでいっぱいです」

と、思わず涙ぐんでしまいました。

そんな私から眼をそらすようにして、

「それでは、この金を、いつも世話になっている治水課の人で分けてもらうわけにはいかんのかね」

そこで、治水部長と課長を呼びました。不老川の今後の計画について説明させ、その後、色々と話し合いをいたしました。しかし、部長も課長もお金については、「ありがたいことですが受け取るわけにまいりません。このお気持ちを大事に今後の仕事に生かしてまいりたいと思います」と、私よりずっと上手に断りました。

教訓

水害に長年苦しめられた住民は、不満や苦情を、滅多に口にしません。自然災害の凄さを身をもって体験しているからです。しかし、三年も続けて被害を受けると、どこかでこれを発散しないと生きていけないのです。

洪水のたびに、心配して現れる市長にこの思いがぶっつけられたようです。傍目には、大変のように見えますが、考えようによっては市長冥利に尽きることかも知れません。

また、洪水のたびごとに、二、三年も一緒に作業を行うと、役所と住民との間に連帯感が生まれるようです。

作業は、地元の建設会社が中心になって行うのですが、最初の年は、必死になってもう夢中です。しかし、三年目ともなると、建設会社、住民、役所の壁が無くなり、この三者の息も合うようになり、手際も良くなります。こうなると、過酷な自然に立ち向かう体制がしっかりと出来上がります。

これらが背景にあって、私の退職に、住民が危機感を持ったようです。いずれにいたしましても、定年退職をする私にとって、この住民の気持ちが最大のはなむけとなりました。

あとがき

私の公務員生活の大半は、用地交渉と苦情処理でありました。退職にあたって『用地現場で30年』を出版いたしました。公務員が公務そのものについて著したものは珍しいとのことで、大変な反響がありました。また、国土交通省の利根川上流河川事務所がインターネットで紹介いたしましたので、さらに拍車がかかりました。この出版にお世話になったのが文化新聞の印刷部でした。

ある日、編集長の小島さんから『用地現場で30年』を文化新聞紙上で連載したいというような話がありました。小島さんは黒いひげが印象的で、いつも新鮮な問題意識を持ち多忙ですが、瞳がとても美しい人です。この人の編集する紙面は「地域の話題性に富み、何より公正で明るさがある」と高い評価をうけております。

この話と並行して、埼玉県の研修担当者から「研修の参考に苦情を取り上げてほしい」との依頼もありました。『用地現場で30年』のあとがきに、「苦情についても機会があったら……」と、うっかり書いてしまったので、そこに目をつけたられたようなのです。

そこで、文章の指導などでお世話になった知人に相談いたしますと、

あとがき

「用地交渉の話は、どう工夫したとしても、プライバシーの問題がある。そこへ行くと苦情は誰にも起こりうることで、新聞紙上の連載にはなじむのではないか、また苦情は発生から処理までが短く、内容が重くなりにくいのが良い」とのご意見をいただきました。

以来、二〇〇三年一月から二〇〇五年六月までの二年六か月にわたって連載したものですが、私が小学校以来愛読していた文化新聞なので、執筆しながらも、親しみやすく感慨深いものがありました。

私個人あてに、いろいろな読者からご感想やご意見をいただきました。特に、クレーマーに悩む公務員の方からは、「問題から逃げずに、前向きに取り組んだら解決の糸口が見つかった」などとうれしい報告がありました。また、小学校時代から大学時代の友人たちからは、

「市川が一番楽しているかと思ったらそうでもねえなあ」

「公務員も結構大変なんだなあ」

との感想がありました。友達とは有り難いものです。熱心に読み続けてくれたようです。

本書発刊に際し、県にお勤めの畠山真一さん、米川興業にお勤めの小島克郎さんには、文化新聞紙上連載の数多くの文章から抜粋をしてもらいました。抜粋するには全ての文章を読まなければならず大変だったと思いますが、こころよくひきうけてくれました。厚くお礼申しあげます。

最後に、出版にあたって、さきたま出版会の星野和央会長さんには大変お世話になりました。心より感謝申しあげます。

著者略歴
市川正三（いちかわ しょうぞう）
1941年埼玉県飯能市生まれ。東京農工大卒。
1965年埼玉県職員採用。飯能土木事務所を振り出しに、秩父土木、有馬ダム建設事務所等、県西北部の土木部出先機関を主に勤務。
2002年3月川越土木事務所を最後に県職員を退職。

主な著作物
『用地現場で30年』（2002年）
『大江戸の繁栄を支えた見沼代用水生みの親“井沢弥惣兵衛”』
（2005年　見沼代用水土地改良区）

苦情は役人の良薬です

2017年1月5日　初版第1刷発行

著　者　市川正三《いちかわしょうぞう》
発行所　株式会社さきたま出版会
〒336-0022　さいたま市南区白幡3-6-10
電話 048-711-8041　　振替 00150-9-40787
印刷・製本　関東図書株式会社

S.ICHIKAWA ©2017 ISBN978-4-87891-434-8 C0236